LES
FONDEMENTS
DE LA
THÉOLOGIE
WESLEYO-
ARMINIENNE

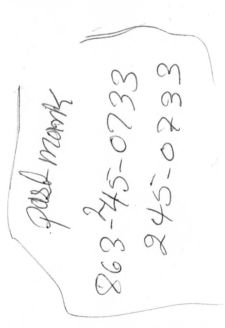

Frère Roberto

356-588-8717

past Mark

863-245-0733

245-0733

Mildred Bangs Wynkoop

LES FONDEMENTS DE LA THÉOLOGIE WESLEYO-ARMINIENNE

Éditions Foi et Sainteté

Lenexa, KS (E.U.A.)

DIGITAL PRINTING

Titre original:
Foundations of Wesleyan-Arminian Theology
By Mildred Banks Wynkoop
Copyright ©1972
Published by Beacon Hill Press of Kansas City
A division of Nazarene Publishing House
Kansas City, Missouri 64109 USA

ISBN 978-156344-480-7

Traducteur de l'angalais : Gene Smith

Première édition française, 1999
Réimpression, 2009

Sauf indication contraire, les citations bibliques
renvoient à la *version Louis Segond,* édition de 1910.

PREFACE

Le but poursuivi dans cette étude est de clarifier et de mettre en relief la doctrine de la sainteté. Il ne s'agit pas d'une approche dogmatique, mais plutôt d'une étude historique. De nombreux courants de pensée théologique concernant ce sujet général convergent et se recoupent étroitement ; mais autant que cela sera possible, seul le contraste entre *la théorie de la prédestination individuelle* et *la conception wesleyenne de la sanctification* sera abordé.

De nombreuses objections faites à l'arminianisme wesleyen résultent des dissensions existant entre ces deux points de vue. Certaines idées fausses sur la doctrine de la sainteté constituent des barrières rigides contre la doctrine, alors que la source des conceptions erronées n'est pas reconnue. Un certain type de prédication sur la sainteté entretient les antagonismes, à cause de l'ignorance de la cause de ces dissensions. Si cette étude peut favoriser, ne serait-ce que modestement, une meilleure compréhension mutuelle, alors elle n'aura pas été inutile.

Bien que l'objet principal de l'étude porte essentiellement sur l'antagonisme prédestination-sanctification, il nous faudra aborder et démêler l'enchevêtrement de certains courants de pensée qui sous-tendent directement le sujet afin de conserver une optique convenable. Plusieurs de ces courants d'idée mériteraient d'être développés plus longuement, mais dans cette étude nous n'aborderons que leur relation directe avec l'objet principal de ce livre, cette approche étant bien appropriée à cette étude. Nous sommes convaincus que le sectarisme théologique provient justement de l'absence d'une perspective d'ensemble correcte et du fait de ne pas relier correctement une vérité partielle à l'ensemble de la révélation globale.

L'étude commence par l'histoire de l'évolution doctrinale des différentes théories de la prédestination et des controverses auxquelles elles sont liées. Les théories de la prédestination se sont développées pour compenser des doctrines négligées par l'Église chrétienne et des conceptions non bibliques de la grâce et de la nature humaine. Au cours des controverses, le but de sanctification poursuivi à juste titre par l'Église Catholique et l'humanisme chrétien primitif a été perverti. Alors, la doctrine de la prédestination, en essayant de corriger les conceptions erronées sur la nature de l'Église, commença progressivement à s'opposer à celle de la sanctification (telle qu'elle fut plus tard interprétée par Wesley) et a fini par représenter une voie de salut exactement opposée à celle adoptée par l'arminianisme wesleyen.

Notre étude considère ensuite les principes théologiques caractéristiques du calvinisme rigide et du calvinisme modéré, de l'arminianisme évangélique et libéral, du wesleyanisme, de l'arminianisme wesleyen, ainsi que certaines variantes et combinaisons de ces tendances.

La dernière partie du livre aborde d'un point de vue critique plusieurs points de tension théologique se rapportant à l'objet de cette étude. Ces tensions existent à cause des hypothèses philosophiques que les calvinistes et les armino-wesleyens apportent aux sujets discutés. La souveraineté de Dieu et la liberté de l'homme sont deux pierres angulaires soutenant la structure théologique. Cette structure, à son tour, détermine le sens et le rapport entre la volonté et la grâce de Dieu. Le péché de l'homme et la grâce de Dieu sont définis selon le mode de raisonnement choisi dans les étapes qui précèdent. Ceci conduit inévitablement à des prises de position caractéristiques sur les décrets divins et le salut par la foi — deux moyens de salut s'excluant mutuellement.

Les conclusions auxquelles on est parvenu à ce stade de notre étude déterminent la conception que l'on a de l'œuvre du Saint-Esprit dans la vie du chrétien, et elles exposent clairement les enseignements particuliers, caractéristiques des deux traditions théologiques. Chacune des deux conceptions a des conséquences très pratiques dans la vie courante. Les théories de la sécurité éternelle et de l'assurance du salut représentent l'ultime étape de la logique théologique et bien que s'opposant l'une à l'autre, ces théories répondent au même besoin humain, mais chacune avec ses conséquences propres sur le plan éthique.

Il est vain de se lancer dans une argumentation opposant la sanctification à la prédestination, ou le témoignage intérieur du Saint-Esprit à une sécurité éternelle inconditionnelle, ou l'éradication totale à la suppression, sans connaître ni apprécier correctement ce qui sous-tend le mode de raisonnement qui structure chacun de ces points de vue. A moins d'avoir une telle compréhension, il est difficile de corriger les concepts erronés du message wesleyen sur la sainteté, ainsi que les erreurs sur la grâce chrétienne qui les accompagnent.

En ce qui concerne l'enseignement de Wesley, l'auteur a jugé bon de préciser pour chaque passage cité, les titres des sermons, essais ou lettres choisis d'où ils sont tirés. Étant donné qu'il existe un certain nombre d'éditions des écrits de Wesley qui ne sont pas tous disponibles pour le lecteur intéressé, il lui a semblé qu'il était plus facile de retrouver un passage par ce moyen. Dans tous les cas, nous nous sommes efforcés d'utiliser des sources sûres pour justifier un point de vue ou développer une thèse.

Cette étude commença à prendre la forme écrite alors que j'enseignais pendant quelques mois à Taiwan en 1960. Les conférences, données en anglais et traduites en mandarin chinois, furent enregistrées et publiées ultérieurement. Un pasteur japonais en acquit une copie, la traduisit dans sa langue et la distribua sous forme polycopiée. Ensuite, on me demanda de donner les séries de conférences d'une façon plus académique à une retraite de pasteurs (l'Église Japonaise de la Sainteté). Après les conférences, les pasteurs exprimèrent le désir d'avoir le texte sous la forme d'une publication plus durable. La recherche et les approfondissements nécessaires à la préparation de cette œuvre pour l'édition japonaise sont à l'origine de ce livre.

—*Mildred Bangs Wynkoop*

INTRODUCTION

Notre héritage de la sainteté est très précieux et sacré. La doctrine wesleyenne n'est pas le développement et l'accentuation d'un point particulier de théologie dont la caractéristique principale serait simplement de se différencier du calvinisme et de séparer le peuple de la sainteté du courant principal du christianisme. *La doctrine de la sainteté est centrale dans toute forme de foi chrétienne.* Elle est tout à fait biblique et porte le sceau de l'approbation de l'Église depuis l'histoire chrétienne la plus reculée.

C'est une doctrine de portée considérable, à l'égal de tous les grands dogmes de la foi chrétienne. Les grands chrétiens qu'étaient nos Pères dans la foi, sensibles aux besoins de l'Église, ont débattu longuement des problèmes théologiques en question et ont cherché à les formuler le plus clairement possible. Ils ont apporté à cette tâche tout le zèle, toute la grâce et toute l'intelligence sanctifiée dont ils disposaient. De grands hommes, des héros, ont payé de leur vie leurs convictions.

La doctrine de la sainteté n'est ni une doctrine facile, ni superficielle, ni non plus de second rang. Ce n'est pas simplement un principe moral, un retrait du monde, une manière de s'évader de l'humanité. Ce n'est pas non plus une question d'émotions ou de sentiments.

Cette doctrine est entachée de sang, celui de Jésus versé à la croix du Calvaire comme celui des héros pour qui la Parole de Dieu avait plus de prix que leur propre vie. Ce que ces hommes croyaient influait puissamment sur *leur* vie, et influe sur *la nôtre* aujourd'hui. Notre conviction personnelle concernant la sainteté influe puissamment sur *nos* actions et *nos* choix ; elle influence pareillement la vie de ceux que nous servons et à qui nous témoignons.

Il est important pour nous de bien comprendre le prix de la doctrine de la sainteté, afin que nous puissions apprendre à bien apprécier ce que nous avons reçu et à le mettre en pratique dans nos vies. Nous devons la vivre et la prêcher avec compréhension, et avec la même consécration, le même zèle, le même esprit de sacrifice et le même succès qui caractérisaient ceux qui ont vécu et sont morts pour leur foi, ainsi que pour notre enrichissement spirituel.

Si nous observons l'Église chrétienne d'un œil critique, nous prenons conscience de différences parmi nous qui semblent nous séparer et nous nous rendons compte que nous sommes divisés par la doctrine même que nous déclarions être source d'unité. La sainteté est un élément central du christianisme. Cependant, les théories relatives à la sainteté entraînent des divisions au sein de la famille chrétienne.

Notre étude se justifie donc dans la mesure où cela présente un problème. Il est admis qu'il existe des théories différentes sur la sanctification. Notre étude porte sur les *raisons qui expliquent* ces diverses théories et son but est d'aider le lecteur à parvenir à une conviction personnelle.

Nous ne désirons pas élargir davantage le fossé existant maintenant entre les groupes chrétiens, ce qui rend la communion entre eux plus difficile. Nous devrions prier pour que ces fossés soient comblés. Même si cette étude a un caractère critique, en ce sens qu'elle se veut recherche et analyse, tout en étant objective, elle aura raté complètement son but si elle engendre un esprit de chasse à l'hérésie, de l'amertume ou de la bigoterie. Le témoignage chrétien a souffert sérieusement du manque d'amour entre les chrétiens ou de leur impossibilité à partager la Sainte Cène avec leurs frères, partout et n'importe où.

Le but de cette étude est : (1) de comprendre les raisons de notre existence en tant qu'Église de la sainteté puis, à partir de là, clarifier notre tâche et fortifier notre témoignage. Sans une connaissance éclairée, notre but et nos objectifs deviennent vagues et nous les perdons finalement de vue. Le danger n'est pas que nous risquons de cesser d'exister en tant l'Église constituée, mais que nous risquions de laisser un mobile superficiel et indigne se substituer aux grandes questions centrales de l'Évangile, et exercer un ascendant sur notre faculté de penser et sur notre fidélité.

(2) Nous devons aussi comprendre nos Églises sœurs dont la doctrine du salut diffère quelque peu de la nôtre. La compréhension mutuelle fait beaucoup pour établir une base de communion, et elle élimine les méfiances et les fausses interprétations qui épuisent la force spirituelle.

(3) Nous devons être capables de répondre à ces questions : *(a)* Les raisons de notre existence en tant l'Église de sainteté et mouvement de sainteté sont-elles suffisantes pour justifier le temps, l'effort, l'argent et le personnel consacrés à son développement et à son maintien ? *(b)* Si la réponse est affirmative, quelles sont ces raisons spécifiques ? Quelle est notre mission ? Ces questions sont d'ordre pratique aussi bien que théorique. La théorie est importante parce qu'elle influe directement sur notre motivation personnelle et pratique, sur notre comportement, sur notre esprit et notre zèle.

(4) Cette étude cadre avec l'esprit de John Wesley, sinon avec le courant entier du christianisme qu'on appelle wesleyanisme. Wesley pratiquait l'autocritique, et, en tant qu'érudit méticuleux, il soumettait toutes ses théories à l'épreuve de l'Écriture, de l'enseignement chrétien traditionnel et d'une expérience chrétienne reconnue. Une fois sûr de sa position, il s'appliquait à mettre la vérité en évidence et à mettre en garde contre les erreurs. Wesley n'a pas proposé une nouvelle théologie, mais il a mis l'accent sur la dimension expérimentale de la théologie chrétienne. Quand il pensait qu'une certaine théorie théologique du christianisme donnait aux hommes une excuse quelconque pour ne pas s'approprier immédiatement la pleine mesure de la grâce de Dieu, il estimait que cette théorie devait être corrigée immédiatement par la Parole de Dieu. Une des préoccupations de Wesley était que certains points du calvinisme de son temps étaient bibliquement incorrects. Mais sa polémique touchait à la doctrine et jamais à la personne ; elle était courageuse et vigoureuse, mais jamais acerbe.

Cette rupture d'avec le calvinisme n'était pas une rupture de la communion chrétienne, mais une correction par Wesley de ce qu'il estimait être une interprétation erronée de l'Écriture. L'homme qui était capable d'accumuler avec tant de brio argument sur argument contre la doctrine calviniste de la prédestination (*Libre grâce* ; *La prédestination considérée tranquillement*, etc.) disait aussi : " C'est le devoir de tout prédicateur arminien, premièrement, de ne jamais utiliser publiquement ou en privé le mot calviniste comme un terme de reproche " *(Qu'est-ce qu'un arminien ?)*.

Wesley exhortait aussi ses disciples en disant : " Prenez garde au schisme et au risque de causer une division dans l'Église du Christ ! " *(Clair exposé de la perfection chrétienne)*. Le propre d'un méthodiste, disait-il, ce n'est pas d'essayer de se distinguer des autres chrétiens, mais seulement des incroyants. Les méthodistes devraient se faire remarquer par une marche chrétienne dans l'humilité.

Il a exprimé cette pensée ainsi : " Ton cœur est-il sincère envers moi comme le mien l'est envers toi ? Je ne te pose pas d'autres questions. S'il en est ainsi, donne-moi la main. Renonçons à des opinions et à des mots, et luttons ensemble de toutes nos forces pour la foi de l'Évangile " *(Caractère d'un méthodiste)*.

Mais Wesley était conscient du problème théologique que sa prédication soulevait pour un esprit calviniste, et il cherchait à répondre à ces questions avec soin, d'une façon biblique et convaincante. Il déclarait que puisque Dieu exige des hommes la sainteté, il ne pouvait être satisfait jusqu'à ce que son peuple ait fait l'expérience de la grâce salvatrice complète de Dieu. Il disait aussi que les hommes avaient besoin de passer par une crise décisive comme prélude à une vie de victoire spirituelle.

Aujourd'hui, il nous faut comprendre la nature de cette crise et tout ce qu'elle implique. Nous devons comprendre cette responsabilité qui est la nôtre de marcher continuellement avec Dieu comme sa Parole l'exige. Le calvinisme et le wesleyanisme diffèrent sur ces points essentiels ; c'est pourquoi une étude sérieuse s'impose.

La ligne de démarcation entre ces deux traditions chrétiennes repose sur des théories de la prédestination qui s'opposent. En fait, à mesure que notre étude progressera, nous verrons que les théories sur la prédestination — et non la prédestination elle-même — sont à la source du problème. La doctrine de la prédestination se situe au point de rencontre entre des thèmes tels que : souveraineté de Dieu et responsabilité de l'homme, péché et grâce, justification et sanctification, foi de l'homme et œuvre du Saint-Esprit. Mais les *théories relatives* à la prédestination proviennent de considérations beaucoup plus profondes. Nous devons donc explorer ces hypothèses tout à fait fondamentales. La prédestination est enseignée dans la Bible, mais il nous faut faire la lumière sur les problèmes qui sont apparus du fait que les hommes ont essayé de formuler des théories sur ces questions.

Il est particulièrement important de faire soigneusement la distinction entre prédestination et prédestination *individuelle*. Au fur et à mesure que la doctrine chrétienne s'élaborait, la théorie selon laquelle des individus particuliers seraient les objets d'une élection s'est développée, plutôt qu'une théorie sur la manière dont Dieu gouverne l'histoire d'une façon plus générale. Il s'agit là d'un problème théologique crucial.

Notre étude, donc, doit commencer par un bref historique sur l'origine de ces théories de la prédestination. Où est la source de la théorie de la prédestination de Calvin ? Sur quelles bases Wesley s'y est-il opposé ? Quelle est l'histoire de nos propres divergences concernant la prédestination, et son rapport avec la sainteté ? La sainteté et la prédestination représentent des théories du salut différentes dans nos théologies respectives. Puisque la sainteté et la prédestination sont deux doctrines bibliques, elles ne devraient pas être un objet de discorde. Prions et espérons que cet exposé permettra de jeter un peu plus de lumière sur un sujet qui est souvent obscurci par nos préjugés passionnés.

CHAPITRE 1

Arrière-plan historique de la doctrine de la prédestination individuelle

ŒCUMÉNISME CHRÉTIEN PRIMITIF

L'unité de l'Église chrétienne primitive dans son ensemble s'était faite autour de positions très claires et bien définies. l'Église primitive n'avait pas alors une organisation stricte comparable à celle que nous connaissons aujourd'hui, mais il existait une unité d'esprit suffisante et une compréhension commune de la foi chrétienne pour qu'il lui soit possible de s'entendre sur les conclusions essentielles, connues maintenant comme les credo œcuméniques, relatifs à des sujets tels que la nature de Christ, la Trinité et le canon des Écritures. Ces credo avaient été formulés afin de mettre en garde contre les hérésies sur ces points de doctrine qui avaient été soulevés. Il s'agit des dogmes chrétiens classiques reconnus par tous les chrétiens aujourd'hui encore. " l'Église d'Orient (l'Église Orthodoxe Orientale) et l'Église d'Occident (l'Église Catholique Primitive) reconnaissent quatre principaux conciles œcuméniques … Par œcuménique, il faut entendre un concile qui est accepté par l'Église tout entière en ce qu'il la représente authentiquement en ce qui concerne les définitions de la foi[1] ".

Les conciles qui ont donné leur nom à ces affirmations doctrinales étaient :

1. Le Concile de Nicée (325 ap. J.-C.) qui affirmait la vraie divinité de Christ, contre Arius.

2. Le premier Concile de Constantinople (381 ap. J.-C.) qui affirmait la vraie humanité de Christ, contre Apollinaire, et la personnalité du Saint-Esprit, contre Macédoine.

3. Le Concile d'Éphèse (431 ap. J.-C.) qui affirmait l'unité de la personne de Christ, contre les Nestoriens.

4. Le Concile de Chalcédoine (451 ap. J.-C.) qui affirmait la claire distinction existant entre la nature humaine et la nature divine du Christ, contre Eutychus. Ceci a donné à l'Église une affirmation doctrinale de la christologie qui a résisté à l'épreuve des siècles.

DÉVELOPPEMENT DES DIVISIONS

Les divisions commencèrent à se développer peu à peu dans l'Église. L'Église d'Orient, avec son approche hautement spéculative de la théologie, s'éloigna de l'Église d'Occident plus pragmatique, jusqu'à ce que la cassure théologique et ecclésiastique finisse par se produire. L'Église d'Occident prit le nom de catholique autrement dit universelle, tout en accueillant de nombreux petits groupes de chrétiens qui avaient pris conscience des faiblesses et des erreurs qui s'infiltraient dans l'Église. Ils remuèrent la conscience de l'Église jusqu'au moment où des réformes furent prises. Ces mouvements cathartiques ou de purification au sein de l'Église exercèrent un contrôle bienfaisant sur les nombreux débordements et sur les luttes effrénées pour le pouvoir dans l'Église. Mais finalement, l'irritation de Luther entraîna un changement de politique envers tous ceux qui ne pouvaient pas et ne voulaient pas accepter aveuglément l'autorité ecclésiastique.

Au temps de la Réforme, l'Église Catholique d'Occident se divisa en deux grandes factions : l'Église Catholique *Romaine* (qui ne pouvait plus vraiment être " catholique " au sens strict du terme) et les protestants. La division révélait deux conceptions opposées concernant l'Église et la question du salut. Pour les catholiques romains, l'Église était le seul chemin menant à Christ ; pour les protestants, Christ était le chemin vers l'Église. Cette différence de point de vue a des implications étendues sur les enseignements de base concernant le salut.

Au sein du protestantisme, des divisions se développaient peu à peu, touchant à des questions moins importantes, mais qui ont quand même laissé des cicatrices permanentes. Même si tous les protestants étaient d'accord sur des vérités fondamentales touchant la sotériologie, les luthériens et les calvinistes se trouvaient plus ou moins divisés ; premièrement, sur la base des lignes de démarcation nationale (Allemands et Français) ; deuxièmement, sur leur façon de concevoir l'eucharistie (Luther soutenait la présence spirituelle de Christ dans le pain et le vin ; les calvinistes étaient enclins à n'y voir qu'un mémorial) ; troisièmement, sur la doctrine de l'Église (le réalisme de Luther adhérait au point de vue catholique, exception faite de la hiérarchie, tandis que le nominalisme calviniste penchait pour une conception plus démocratique et individualiste).

A ces grandes divisions, s'ajoutaient plusieurs groupes indépendants connus comme charismatiques qui accordaient plus d'importance à une relation vitale et personnelle avec Dieu qu'à l'autorité officielle des Églises organisées liées par un credo. Dans cette situation, la contribution d'Arminius est d'une grande importance pour les relations ultérieures des groupes entre eux, et pour atténuer les intransigeances entre les grandes traditions chrétiennes. Toutes les principales confessions chrétiennes et la plus grande partie des autres peuvent situer leur origine et leur raison d'être quelque part dans le complexe des idéologies qui sous-tendent ce bref exposé.

Base des divisions

Dans une large mesure, ces divisions et subdivisions sont basées en grande partie sur des philosophies différentes plutôt que sur des expériences différentes de la grâce ou sur l'enseignement biblique. Le rôle de la philosophie, en ce domaine, est capital pour nous faire saisir notre position personnelle vis-à-vis de la doctrine de la sainteté. Un simple schéma peut servir d'illustration:

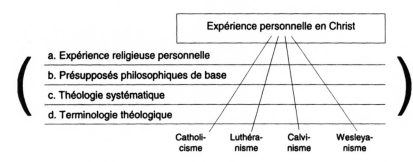

Niveau " a " :

Tous les chrétiens ont la même expérience de Christ. Nous sommes tous un en lui. A titre d'illustration, nous avons utilisé les noms de quatre traditions chrétiennes représentatives : le catholicisme romain, le luthéranisme, le calvinisme et le wesleyanisme. Tous les membres qui connaissent Christ dans leur cœur connaissent *le Christ unique*. Le salut ne se trouve qu'en lui. Quiconque est en Christ est sauvé. A ce niveau, il n'y a pas de différence entre nous.

Niveau " b " :

Les différences commencent à apparaître dès que les hommes essaient d'expliquer ce qu'ils connaissent de Christ. Des vérités considérées comme évidentes par elles-mêmes deviennent l'ossature de nos explications. Le problème vient du fait que les hommes ne sont pas d'accord sur ce qui peut faire partie de ces vérités fondamentales évidentes par elles-mêmes. L'histoire de la doctrine chrétienne est, dans une certaine mesure, celle du développement et de la domination des philosophies qui se sont imposées et dans lesquelles on a moulé la foi chrétienne. L'émergence d'une nouvelle philosophie dans l'histoire s'accompagne toujours d'une secousse, et certains aspects particuliers de la théologie chrétienne subissent des changements plus ou moins importants. Citons à titre d'exemple, la façon audacieuse dont Thomas d'Aquin a systématisé la doctrine chrétienne selon les concepts philosophiques et logiques d'Aristote. Jusqu'alors la théologie avait été fortement influencée par le néo-platonisme. Thomas d'Aquin faillit être excommunié pour son œuvre, mais on le considère maintenant comme le " Père de la théologie chrétienne ". De nos jours, la doctrine chrétienne est confrontée à l'existentialisme et à la philosophie de l'être en devenir (" Process philosophy ") La théologie chrétienne cherche une assise philosophique qui convienne à sa vérité et qui soit compatible avec la façon traditionnelle de penser.

Niveau " c " :

La théologie systématique est la doctrine chrétienne structurée selon les principes propres à toute philosophie qu'on accepte comme base. Ce qu'on considère comme le point central pour la théologie chrétienne prend une importance primordiale, et toutes les autres doctrines découlent logiquement de cette prémisse. Mais, à ce stade, apparaissent de très grandes différences dans la théologie.

Une illustration intéressante de ce phénomène est la différence radicale qui existe entre les diverses théories de la sotériologie qui proviennent de plusieurs ordres dans les décrets divins que soutiennent divers groupes. L'ordre dans lequel on pense que les décrets se suivent est probablement déterminé plus par une nécessité logique que par un enseignement biblique clair. Cependant, l'ordre des décrets divins est à la base de quelques-unes des plus grandes divisions au sein du protestantisme, comme le montrera cette étude.

Niveau " d " :

Le vocabulaire utilisé par l'ensemble des chrétiens est pratiquement le même. Dans notre illustration, les chrétiens parlent tous de péché et de grâce, de justification et de sanctification, de la souveraineté de Dieu et de la liberté de l'homme, et ils utilisent tous les autres termes théologiques essentiels. Mais chacun de ces termes revêt un sens particulier suivant les connotations et déductions inspirées par les philosophies sous-jacentes propres à chaque groupe — philosophies rarement reconnues comme telles mais, naïvement considérées comme étant l'héritage de tout être pensant. La communication et la compréhension semblent être bloquées lors de chaque rencontre entre ces groupes. Nous entretenons un dialogue de sourds au lieu de nous engager dans un échange ouvert et significatif. Souvent, nous nous accusons réciproquement de mauvaise foi et de bigoterie, alors qu'à la vérité, chacun de nous parle au nom d'un sectarisme théologique étroit qui nous empêche de voir le sectarisme de ceux auxquels nous nous adressons. Retraçons l'histoire de quelques-uns de ces sectarismes.

LE SECTARISME THÉOLOGIQUE

Nous employons le terme de sectarisme pour désigner, dans le cadre de l'enseignement chrétien en général, toute vérité partielle ou toute accentuation de pensée qui tend à obscurcir certains aspects de la vérité globale, ou qui en nie ou rejette certaines parties. Le sectarisme consiste donc à isoler un aspect de doctrine de son contexte doctrinal global pour en faire un thème central dominant. De tels sectarismes théologiques ne sont pas nécessairement des contrevérités ; mais, invariablement, ils déforment l'Évangile de Christ parce que, s'écartant de l'Évangile tout entier, ils s'érigent en juges de la vérité et de l'Évangile même. L'Évangile tel que les Écritures. nous le présentent, est la Parole de Dieu. Aucune partie ne peut en être négligée, et aucune partie ne peut se substituer au tout sans le trahir. Trouver un équilibre juste et satisfaisant entre tous les aspects de l'enseignement biblique est de toute nécessité aujourd'hui.

L'Église chrétienne du Nouveau Testament croyait et enseignait que Christ est mort pour tous. Elle prêchait que tout homme pouvait être sauvé en acceptant le Sauveur par la foi. Elle ne semblait pas remettre en question la capacité donnée par Dieu à quiconque — et à tous — de répondre à l'appel de Dieu. Cette confiance s'est manifestée dans le fantastique élan évangélique et missionnaire de l'Église à la Pentecôte. L'Église grandissait et s'étendait à la manière d'un feu dans une forêt sèche. Des Églises pauvres envoyaient leurs meilleurs membres comme missionnaires (Actes 13:1-3) ; en outre, elles ajoutaient au don de ces hommes de valeur, des offrandes en argent et en biens matériels pour les Églises plus démunies qu'elles. Cela se faisait dans la joie et avec spontanéité (2 Corinthiens 8:1-5).

Les Pères apostoliques (Barnabas, Clément, Ignace, Polycarpe et d'autres) étaient les dirigeants chrétiens qui avaient succédé aux apôtres du Nouveau Testament et auprès desquels, pense-t-on, ils avaient été formés. Ils croyaient et enseignaient que la volonté humaine est libre de choisir entre le bien et le mal, entre Dieu et le péché. Alors que tous les textes du Nouveau Testament ont été écrits par des Juifs — sauf l'Évangile de Luc et les Actes — la littérature qui a suivi est due presque exclusivement à la plume d'écrivains non-Juifs. L'essentiel du christianisme se trouvait presque entièrement parmi les Gentils après la mort des apôtres.

Immédiatement après l'âge apostolique, les jeunes Églises formées de non-juifs, qui étaient confrontées à une société païenne et qui n'étaient plus dirigées par ceux qui avaient connu Christ personnellement, durent faire face à cette double opposition : premièrement, l'attaque venant des païens et deuxièmement, le schisme interne. " L'unité de l'Église autour de ses dirigeants et la défense de la foi contre les erreurs sont les thèmes dominants. C'est ainsi que la spontanéité religieuse des écrits du Nouveau Testament fait place à une note plus morale et plus ecclésiastique[2] ". Le profond souci spirituel du Nouveau Testament est modifié dans ces écrits. Néanmoins, il reste un intense intérêt pour le message évangélique de base. Mais, face aux dangers d'apostasie dans une société païenne — dangers réels pour ces premiers chrétiens — on attachait une grande importance à la bonne conduite, à la repentance, à la structure ecclésiastique et à une croyance correcte. On enseignait le salut, plus par le mérite que par la foi. On soulignait trop fortement l'aspect moral au détriment de la grâce et de l'expérience chrétienne personnelle. " Il n'y a presque pas de trace de la doctrine de la justification dans les écrits de ces Pères[3] ", dit Neve, et il cite Clément (*Homélie*, XVI, 4) : " Faire l'aumône est excellent comme repentance pour les péchés ; le jeûne est meilleur que la prière, mais faire l'aumône est mieux que l'un et l'autre, car elle est une manière de soulager le fardeau des péchés ". Il emprunte à Hermas (*Similitude*, V, 3, 3) cette citation : " Si tu peux faire plus que ce que Dieu ordonne, tu gagneras plus de gloire pour toi-même et auras plus d'honneur devant Dieu[4] ".

LA CONTROVERSE PÉLAGO-AUGUSTINIENNE

Pélage

En 409 après J.-C., arriva à Rome un moine britannique du

nom de Pélage. C'était un homme de haute moralité et réputé pour sa piété personnelle. A. C. McGiffert dit de lui : " Il s'intéressait profondément à la conduite chrétienne et il se consacrait à améliorer les conditions morales de sa communauté locale qui lui paraissaient en avoir grand besoin. Il avait un grand nombre d'adeptes, et il exerçait une influence considérable en tant qu'autorité morale et religieuse. Selon la meilleure tradition chrétienne, il insistait particulièrement sur la pureté personnelle et recommandait de s'abstenir des corruptions et des frivolités du monde. Sans être un ascète absolu, il avait un enseignement rigoureux et il exerçait une grande attraction sur ceux dans l'Église qui étaient les plus attachés à la foi[5] ".

Pélage pensait que l'accent mis à tort par Tertullien sur le péché originel tendait à saper le sens de la responsabilité personnelle. Le professeur McGiffert ajoute :

> Il rejetait complètement la doctrine du péché originel, insistant sur l'idée que le péché est purement volontaire, individuel et intransmissible. Il pensait que le péché d'Adam n'affectait ni les âmes ni les corps de ses descendants, que si nous avons hérité notre nature charnelle de lui, il n'en est pas ainsi pour notre âme, et que la nature charnelle est bonne puisque tout ce qui est a été créé par Dieu est bon. Tous les êtres humains sont dans la même condition qu'Adam au commencement en ce qui concerne leur nature et leurs capacités. Cependant, ils souffrent du mauvais exemple de la race humaine, ce qui n'était pas le cas d'Adam. Malgré cela, ils sont libres, autant que lui l'était, et ils ont le libre choix entre le bien et le mal. Comme dans le cas d'Adam, tout homme forme son propre caractère et détermine sa propre destinée. Son caractère lui est propre et inaliénable. De plus, son caractère ne détermine pas sa conduite. Il peut modifier sa façon d'agir toutes les fois qu'il le veut[6].

Seuls quelques extraits des écrits de Pélage nous ont été conservés. Presque tout ce que nous connaissons de ses écrits se trouve inclus dans les œuvres d'Augustin et dans les œuvres des disciples de Pélage, qui y ajoutèrent des éléments rationalistes et naturalistes. A partir de ces sources, on peut résumer ainsi son enseignement : Adam fut créé mortel et tous les hommes doivent s'attendre naturellement à la mort. Celle-ci n'est pas la punition du péché. La volonté de l'homme est absolument libre. En utilisant ses capacités naturelles, il peut choisir librement le bien et non le mal. Si Dieu a exigé l'obéissance à sa loi, il a dû donner à l'homme le pouvoir d'obéir. Il ne se trouve pas dans le cœur de l'homme une tendance au péché — ni aucun péché inné transmis héréditairement. Le péché d'une personne ne peut pas en affecter une autre. Celui d'Adam ne pouvait en conséquence affecter toute la race humaine.

Pélage avait parfaitement conscience que la plupart des hommes péchaient et auraient à subir le châtiment éternel. Les pécheurs ont besoin d'être sauvés ; Christ est venu pour sauver les pécheurs, et il est notre exemple et notre inspiration pour mener une vie chrétienne.

> **Bien que Pélage ait tant insisté sur les capacités humaines et sur l'indépendance de l'homme, il parlait cependant de la nécessité de la grâce divine, insistant sur le fait que, sans elle, personne n'hériterait de la vie éternelle. Toutefois, par grâce divine, il entendait, non pas une puissance ou une réalité divines intérieures, mais instruction et illumination. Il employait même le mot grâce dans un sens encore plus large pour désigner le libre arbitre, et les dons de la raison et de la conscience dont tous les humains sont dotés[7].**

Pélage s'était rendu à Rome, mais il n'est pas sûr du tout qu'il ait entendu parler d'Augustin jusqu'à ce que des circonstances politiques à Rome le portent à se rendre en compagnie de son disciple Célestius à Carthage où l'influence d'Augustin était très grande. A partir de 411, la controverse entre les deux hommes s'accentua de plus en plus. Finalement, Pélage partit vers l'Est et finit par s'établir en Palestine où ses vues devinrent populaires et où celles d'Augustin, par contre, ne purent jamais s'imposer. Mais Augustin poursuivit la controverse en publiant de nombreux essais.

Dans sa somme théologique, Pélage rassembla ce qui devint les dogmes principaux de l'Église d'Orient. La nature spéculative de l'esprit oriental tendait à souligner de façon exagérée la liberté de l'homme et sa perfectibilité. La pensée orientale perdit le sens profond de la culpabilité et du péché et, par conséquent, de la grâce[8]. Le professeur H. Orton Wiley pense que cette grande controverse entre Augustin et Pélage était essentiellement " un conflit entre l'Est et l'Ouest dont ces éminents théologiens étaient le centre[9] ".

Augustin

Les théories de Pélage ont été contestées par la personne qui avait le plus d'influence sur l'Église chrétienne après l'apôtre Paul, à savoir Augustin (354-430). La controverse a divisé l'Église depuis lors. L'histoire personnelle d'Augustin n'est certainement pas sans lien avec sa théologie. Ses talents personnels et son intelligence étaient remarquables, et ses dons pour l'apologétique étaient à la mesure des circonstances auxquelles il a dû faire face au cours de son existence. Il devint chrétien presque contre sa volonté, délaissant une vie livrée au mal. La puissance bouleversante de la grâce et les prières de sa mère pour sa conversion ne cessèrent jamais de l'émerveiller.

Son esprit curieux avait exploré toutes les tendances philosophiques importantes de son époque, et " il était influencé par tant de courants de pensée qu'il n'arrivait pas à synthétiser en un tout harmonieux, qu'il en résultait souvent des contradictions[10] ". Il resta toujours un peu marqué par le dualisme néo-platonicien. Cependant, il affirmait la valeur de la nature humaine par opposition à l'idée manichéenne d'une nature humaine déchue, et affirmait la corruption humaine en s'opposant à la conception sur-idéalisée de Pélage concernant les capacités naturelles de l'homme.

En fait, des courants de pensée théologique assez contradictoires se dégagent de l'enseignement d'Augustin : l'autorité ecclésiastique sur laquelle l'Église Catholique Romaine s'est basée, ainsi que son mysticisme et sa doctrine de la grâce typiques du protestantisme.

L'opposition aiguë entre les points de vue de Pélage et ceux d'Augustin créait une tension excessive, et dans le feu de la controverse, chacun des deux hommes élaborait des doctrines pour réfuter l'autre et défendre sa position, doctrines qui étaient plus intransigeantes qu'elles ne l'auraient été hors de ce climat. La controverse crée une atmosphère critique saine, mais elle est guettée par l'extrémisme au lieu de s'en tenir simplement à la correction des erreurs. Il est vrai que les disciples de Pélage systématisèrent certains points caractéristiques de ses thèses d'une façon telle que l'histoire lui a attribué une position qu'il n'avait probablement pas soutenue personnellement[11]. De la même manière, Augustin fut poussé à des conclusions logiques dont l'incompatibilité avec les vues qu'il a développées dans son âge mûr a été démontrée par des études postérieures de son enseignement.

Il est intéressant de résumer et de comparer les points de vue de Pélage et d'Augustin.

Pélage enseignait :

1. Que la volonté de l'homme est parfaitement libre ; il peut faire ce que Dieu lui demande de faire.

2. Qu'il n'y a pas de penchant inné au péché ; aucun péché originel n'est hérité d'Adam.

3. Que le péché est le libre choix de faire le mal ; la nature sensuelle de l'homme est l'occasion du péché, et non la cause.

4. Que la grâce, comme cause, n'est pas nécessaire pour pousser la volonté vers Dieu ; Christ devient notre modèle et notre motivation à faire le bien. La perfection chrétienne est seulement un ensemble de vertus et d'œuvres individuelles, n'exigeant pas un cœur régénéré.

Augustin rejetait ces idées et affirmait :

1. Que Dieu avait créé l'homme avec la possibilité de ne pas pécher et de ne pas mourir *(posse non peccare et non mori)*, et que la volonté seule décidait.

2. Que l'homme a mal utilisé sa liberté et qu'il a volontairement désobéi à Dieu ; que par conséquent, il est devenu une créature incapable de ne pas pécher et vouée à la mort *(non posse pecarre et mori)*, parce que Dieu ne dirigeait plus sa volonté.

3. Que la volonté est devenue une volonté pécheresse, que tous les hommes partagent cette volonté mauvaise, parce que tous les hommes étaient en Adam quand il pécha et donc péchèrent avec lui. Tous sont donc coupables.

4. Que le salut (ici, Augustin n'a pas su voir l'ambiguïté de son raisonnement) ne s'obtient que par:

a. le baptême qui assure l'enfant du salut ; à partir de là, il en arriva à encourager le baptême des enfants ; ou

b. la grâce, indispensable au salut, parce qu'elle seule peut faire agir la volonté de l'homme.

À ce stade de notre étude, notre tâche n'est pas de retracer l'histoire de la controverse pélago-augustinienne. Il nous suffit de remarquer le raisonnement logique d'Augustin, développé " par un besoin intérieur d'une assurance du salut[12] " et par opposition à son adversaire, Pélage.

Remarquez le développement logique de son raisonnement :

1. Dieu est absolument souverain. Il est la cause directe de tout ce qui existe. Personne ne peut s'opposer à sa volonté. (Cela est la prémisse de son raisonnement et reflète une conception néo-platonicienne de Dieu comme étant le tout autre, inconnu et inabordable.)

2. C'est pourquoi, l'homme déchu est absolument incapable de vouloir quoi que ce soit contre Dieu ou pour lui. En contraste avec la sainteté de Dieu, l'homme est entièrement mauvais.

3. Si un homme est sauvé et se tourne vers Dieu, c'est seulement parce que Dieu est intervenu dans sa volonté pour qu'il lui réponde, c'est-à-dire que Dieu change la tendance naturelle du cœur afin que l'homme agisse librement. La grâce change le cœur.

Mais dans l'œuvre de changement du cœur, la grâce agit de telle sorte que la volonté de l'homme ne peut y résister. Nous pouvons dire avec Neve que l'homme est converti, non parce qu'il le veut, mais il veut parce qu'il est converti[13].

4. On ne peut résister à la grâce puisque la volonté de Dieu est irrésistible. C'est pourquoi, celui que Dieu veut sauver est sauvé et il ne sera jamais perdu parce que c'est Dieu qui prend la responsabilité d'agir sur sa volonté, et Dieu ne peut changer.

5. Si Christ est mort pour *tous* les hommes, comme certains l'affirmaient, tous les hommes seraient sauvés. *Mais*, observait-il,

6. Tous les hommes ne sont pas sauvés. Pourquoi ? (Quand il était jeune, Augustin répondait à cette question en faisant référence au libre arbitre de l'homme, et non par la théorie de l'élection[14].)

7. Il est évident que tous les hommes ne sont pas sauvés parce que Dieu doit avoir choisi *certains* hommes pour le salut, un nombre spécifique d'individus qui ne peut être modifié. Les autres sont laissés dans leurs péchés. Il est inconcevable que Christ ait dû mourir pour quelqu'un qui ne serait pas sauvé.

8. Puisque Dieu ne peut changer, on est en droit de supposer que les élus l'étaient de toute éternité.

9. Ainsi la prédestination individuelle est-elle la seule façon logique d'expliquer le salut de tout homme.

Pour Augustin, la prédestination individuelle n'était pas une doctrine biblique, mais la conclusion inévitable de son propre raisonnement qu'il croyait biblique. Sa logique l'obligeait à rendre Dieu pleinement responsable du salut de certains hommes choisis à l'avance. Sa doctrine de la prédestination n'était pas un *a priori*, mais une conclusion. Il faut également dire qu'Augustin refusait de suivre sa propre logique jusqu'à sa conclusion inévitable, ce qui l'aurait conduit à faire de Dieu l'auteur du péché ou la cause de la damnation de tout homme. Ce pas devait être franchi plus tard par ses disciples.

C'est ainsi qu'Augustin arriva à la doctrine de la prédestination individuelle. Comme on l'a vu plus haut, ce n'était pas un enseignement qu'il tirait de l'étude de la Bible, mais la conclusion de sa propre logique dont il pensait alors qu'elle devait être biblique. La doctrine d'Augustin sur la prédestination individuelle fut développée *après* qu'il eut élaboré sa doctrine du péché et de la grâce[15].

Sa conception de la grâce, comme agissant directement sur la volonté de l'homme, " nécessitait une croyance en un décret divin qui déterminait le nombre exact de ceux qui seraient sauvés ... A partir de ces idées ... peu à peu, prit naissance une théorie de la prédestination[16] ".

Analyse

On a remarqué que la théorie de la prédestination d'Augustin fait des décrets divins la cause première du salut, et de la mort de Christ, une cause annexe et secondaire. Il est vrai que le salut par décret divin et le salut par la foi dans la mort méritoire du Christ sur la Croix sont deux choses bien différentes. Dans le premier cas, Christ n'est pas absolument essentiel au salut, mais il est uniquement un maillon dans une chaîne pré-établie d'événements. Dans le deuxième cas, Christ est absolument indispensable au salut et de lui découlent les bénéfices de l'expiation. Ce dernier cas semble être une meilleure interprétation de l'Écriture.

Dans l'intérêt de cette étude, il est important de noter qu'Augustin, authentique grand homme, était assez chrétien et assez intelligent pour ne pas permettre que sa proclamation de l'Évangile soit limitée par son propre raisonnement. Il s'adressait aux hommes comme s'ils étaient capables d'exercer un libre choix moral, de la même manière que lui-même avait ouvert son cœur mauvais au Sauveur bien-aimé de sa mère. Ses écrits enseignent que les hommes ont la possibilité de répondre à l'appel de Dieu afin de se convertir. Mais il enseignait aussi que les hommes ne peuvent être sauvés qu'en recevant le baptême donné par l'Église. Il enseignait la nécessité du baptême des enfants pour assurer le salut de tous.

Ceci nous laisse des questions embarrassantes :

1. Les hommes sont-ils sauvés selon un décret divin pré-établi dans le dessein secret de la volonté insondable de Dieu ?

2. L'homme est-il sauvé par le baptême de l'Église ?, ou

3. Est-il sauvé par la foi en Christ ?

Ce sont là différents moyens de salut qui s'excluent mutuellement. Cependant, Augustin les enseignait tous sans embarras intellectuel. En fait, Augustin " était dans l'incapacité de faire aboutir logiquement son idée de la prédestination, car il ne pouvait expliquer le fait que la grâce d'élection soit liée à un système rituel d'ordonnances externes[17] ".

Ce penseur chrétien était si éminent que presque toute l'Église chrétienne a trouvé dans ses enseignements quelques fondements lui permettant d'élaborer de grands systèmes doctrinaux. Mais ces systèmes, lorsqu'ils sont placés dans des cadres théologiques indépendants s'excluent l'un l'autre parce que chacun d'eux est construit uniquement sur une *partie* de doctrine sans lien avec la compréhension plus large de la vérité qui s'imposait à l'esprit de celui qui est considéré comme le plus grand enseignant chrétien après les apôtres. Les systèmes doctrinaux qui en résultent sont incompatibles, parce que chacun proclame une conception du salut en contradiction avec les autres, et ces contradictions deviennent des barrières qui entravent l'unité et la communion. Ces divisions théologiques au sein de l'Église chrétienne sont basées, pour une grande part, davantage sur des contradictions au niveau *logique* que sur une exégèse biblique, et ce point est important pour l'étude à laquelle nous nous livrons.

Il ne faudrait pas oublier que le point de vue extrême d'Augustin sur la prédestination individuelle fut rejeté par l'Église. Un prétendu semi-pélagianisme prévalut. Les idées d'Augustin furent remises en valeur au 9ème siècle par le moine Gottschalk, mais l'Église, une nouvelle fois, les mit résolument de côté. Gottschalk vit les dangers du semi-pélagianisme de l'Église, mais sa tentative méritoire de réhabiliter l'idée du salut par la grâce seule eut peu de succès parce qu'il refusait de reconnaître toute forme de liberté humaine, psychologique ou formelle. À cause de cette position extrême, il ouvrit la porte à l'antinomisme et à un écroulement possible de tout le système ecclésiastique. Plusieurs synodes eurent lieu pour tenter d'éliminer la tension entre les deux positions ; c'est une position intermédiaire, en faveur d'une piété pratique, qui prévalut à nouveau sur la conception extrême de la prédestination[18].

En résumé et en guise de conclusion, on doit remarquer que Pélage et Augustin essayèrent, chacun pour sa part, de préserver des vérités logiques. Pélage était attaché à préserver la dignité humaine et la responsabilité morale, ce qu'il convenait de faire. Augustin voulait préserver la souveraineté absolue de Dieu et le besoin indispensable de sa grâce en rapport avec le salut, ce qui était également juste. Mais l'intensité de la controverse produisit une antithèse artificielle entre les deux points de vue. Chacun des deux hommes, en suraccentuant sa propre conception de la vérité, tendait à perdre de vue la vérité correctrice et complémentaire de son adversaire. Pélage perdit le besoin de la grâce de Dieu et Augustin perdit le concept d'une vraie responsabilité morale.

Dans le cadre de notre étude de la prédestination et de la sainteté, il nous faut remarquer qu'à l'origine, la doctrine de la prédestination individuelle par décret divin n'avait pas pour but de s'opposer à la doctrine de la sainteté, mais voulait être une doctrine préservant la majesté et la souveraineté de Dieu contre le danger de faire de l'homme un être indépendant de lui. Mais la négation de la possibilité d'une sainteté pratique, comme Wesley l'entendait est inhérente à la théorie de la prédestination individuelle qui récuse la doctrine wesleyenne de la sanctification.

Dans son sermon " La libre grâce ", Wesley disait :

> Mais s'il en est ainsi [l'élection], alors toute prédication est vaine. Elle est inutile aux élus, car ils seront infailliblement sauvés avec ou sans elle. Par conséquent, le but de la prédication — qui est de sauver des âmes — ne leur sert de rien. Elle est également inutile à ceux qui ne sont pas élus, car il n'est pas possible qu'ils soient sauvés ; avec ou sans elle, ils seront infailliblement damnés. ...
>
> Ceci est donc une preuve évidente que la doctrine de la prédestination n'est pas une doctrine de Dieu, parce qu'elle annule les ordonnances de Dieu, et Dieu n'est pas divisé contre lui-même.

Deuxièmement, elle tend à détruire la sainteté, qui est le but de toutes les ordonnances de Dieu ... La doctrine [d'élection] ... a une tendance manifeste à détruire la sainteté en général, car elle enlève les premières motivations qui nous portent à rechercher la sainteté, ... l'espérance d'une récompense future et la crainte du châtiment, l'espérance du ciel et la crainte de l'enfer[19].

CHAPITRE 2

Évolution de la doctrine de la prédestination individuelle

IDÉES D'AUGUSTIN

L'Église catholique suivit l'enseignement d'Augustin sur l'Église comme étant le seul moyen d'obtenir la grâce divine et le salut éternel. Peu à peu, le salut par les sacrements renforça exagérément la puissance et l'autorité de l'Église et sa hiérarchie. La doctrine : " hors de l'Église, point de salut " entraîna la soumission totale de la conscience de chaque individu aux lois formulées par l'Église. On n'était pas loin alors du système arbitraire, non biblique et parfois immoral, des indulgences qui liait l'homme, main, pied, cœur et bourse, à l'Église et l'encourageait à pécher.

Certes, il ne faut pas rendre Augustin responsable des abus de l'Église catholique ! Si Luther ne s'était pas révolté, il ne serait pas difficile d'imaginer Augustin lui-même revenant sur terre pour faire ce que Luther a fait. Encore une fois, c'est la logique de la conception augustinienne de l'Église, considérée sans tenir compte de l'ensemble de son enseignement, qui a entraîné les abus du système des indulgences.

Au 16ème siècle, Martin Luther et plus tard Jean Calvin ramenèrent l'Église à la doctrine biblique de la justification par la foi en Christ. En fait, leur réaction venait de la souveraineté que l'Église s'était attribuée avec arrogance sur les âmes des hommes, dépouillant ainsi Dieu de sa souveraineté absolue. Le problème des indulgences devint probablement *l'occasion qui favorisa* le conflit plutôt que sa *cause*. La vraie question était de savoir qui, de Dieu ou de l'Église serait vraiment Dieu. Les réformateurs n'avaient pas l'intention de créer une nouvelle l'Église ou de nouvelles doctrines.

Ils ramenèrent l'Église à ses propres doctrines fondamentales qu'ils pensaient ne plus être respectées par l'Église catholique d'alors. Luther souhaitait réformer l'Église et non la diviser.

L'influence intellectuelle d'Augustin constitua la base philosophique de la Réforme et, en particulier, sa conception de la souveraineté de Dieu. La croyance en un salut par décret éternel du Dieu souverain, et uniquement laissé à l'initiative de Dieu, s'opposait radicalement à l'enseignement de l'Église selon lequel le salut ne pouvait s'obtenir qu'en obéissant à ses lois et qu'en augmentant son mérite personnel par de bonnes œuvres ou des dons d'argent.

La doctrine biblique du salut par la foi seule, qui s'opposait à la doctrine catholique du salut par les œuvres, était basée sur le concept plus profond de la souveraineté de Dieu. C'est sur ce point que la conception de Dieu qu'avait Augustin prévalut dans le protestantisme, et le salut par décret divin devint la position orthodoxe.

Mais ceci entraîna une nouvelle question : sommes-nous sauvés par décret divin ou par la foi ? Ou, pour énoncer ceci sous une forme plus reconnaissable : sommes-nous sauvés par la grâce seulement ? (Augustin voyait dans la grâce la cause divine du salut) ou par la foi seule ? La *sola gracia* et la *sola fides* étaient toutes les deux des affirmations protestantes. Le problème logique fut rapidement et facilement résolu en décrétant, de façon arbitraire, que la foi est la servante de la grâce, c'est-à-dire en assujettissant la foi à la grâce : Dieu donne à l'homme élu une foi spéciale pour le salut. Ainsi, la doctrine de la prédestination fut placée au-dessus de tout autre et elle devint le principe directeur de la théologie de la Réforme. A cause de ceci, le concept biblique de la foi fut modifié pour cadrer avec la doctrine de la prédestination individuelle. Dès lors, la conclusion logique d'Augustin — la prédestination individuelle — devint le principe de l'interprétation biblique au lieu que ce soit l'exégèse biblique qui devienne la base de la théologie.

IDÉES DE CALVIN SUR LA PRÉDESTINATION INDIVIDUELLE ET SUR LA DOUBLE PRÉDESTINATION

Tout en présentant la contribution de Calvin à l'Église en général et à la Réforme en particulier, nous ne devons pas oublier qu'il essayait de mettre en évidence et de clarifier dans l'esprit confus des gens qui venaient à peine de se débarrasser de l'autorité absolue de l'Église catholique, ce qu'étaient la doctrine et la praxis chrétiennes. En effet, ces gens avaient appris à obéir à l'Église catholique, mais non à penser. La liberté de l'Évangile pouvait être interprétée (et elle l'était par certains) comme une liberté irresponsable. Peu de gens avaient de quoi lire, si ce n'est la Bible et les livres théologiques qui étaient en Latin. Les quelques Bibles existantes, écrites à la main, étaient enchaînées aux tables des églises pour être lues par les érudits. Les laïcs ne pouvaient déchiffrer la théologie que dans les rites et dans l'architecture des églises.

Le peuple avait besoin de recevoir de ses responsables des directives fermes dans le domaine de la théologie et de la vie sociale. A l'époque de la Réforme, la Bible existait en langue vulgaire, mais son interprétation et son application à la vie pratique laissaient à désirer. Son interprétation fantaisiste et allégorique était un héritage du temps passé ; elle avait besoin d'être remise en question et corrigée, tâche primordiale qui ne fut jamais complètement terminée.

Le plus grand défi de Calvin fut, peut-être, d'assumer le leadership dans une telle situation. Son *Institution de la religion chrétienne* est un chef d'œuvre théologique. Au départ, il s'agissait d'un commentaire simple et bref du Credo[1]. Le peuple pouvait le mémoriser et assimiler son message.

De nombreuses éditions ne cessèrent de compléter cette œuvre pour lui donner sa forme actuelle. Mais avec tous les remaniements et développements qui leur ont été apportés, les articles simples et clairs du Credo apparaissent à la manière des branches principales d'un arbre. Et à mesure que ce travail se ramifiait, la logique de son contenu commença à briller de l'éclat des pierres précieuses. Sa structure aide la mémoire, sa logique satisfait l'esprit. Dans le monde protestant, *l'Institution* se substitua à l'autorité que l'Église avait jadis exercée. Dans la préface de l'édition de 1559 de son *Institution*, Calvin dit que les principes et les méthodes préconisées et appliquées dans son livre devraient devenir le principe de l'interprétation biblique :

> Dans cet ouvrage, mon objectif a été de préparer et de former les étudiants en théologie à la lecture de la Parole de Dieu ... et à poursuivre cette lecture sans problème. Car je pense que j'ai présenté un exposé tellement complet et si bien ordonné que tout lecteur, vraiment attentif, ne devrait avoir aucune difficulté à définir quels devraient être les objets principaux de sa recherche dans l'Écriture[2].

Une étude approfondie de *l'Institution* met en évidence que les doctrines qui s'y trouvent systématisées n'ont pas de base exégétique. l'Écriture est utilisée pour illustrer et donner de l'autorité aux doctrines. Certes, la façon dont Calvin appréhende les vérités essentielles de la Bible est grande et impressionnante, mais il est évident que le système philosophique qui sous-tend sa théologie prévaut sur des considérations exégétiques. Calvin ne repoussait pas l'exégèse biblique qui, à son époque, n'était pas aussi développée que maintenant. Le mérite de Calvin est d'avoir revalorisé l'autorité de l'Écriture.

Il nous faut maintenant examiner l'enseignement de Calvin, inspiré de la philosophie d'Augustin. Calvin a pris comme prémisse la conclusion d'Augustin. Le raisonnement d'Augustin l'amena à conclure que Dieu prédestine certains hommes au salut. Augustin ne voulait pas pousser sa logique plus loin, ce qui fut fait par Calvin : si Dieu est absolument souverain et s'il prédestine certains hommes au salut, on ne peut que raisonnablement supposer qu'il prédestine aussi tout le reste de l'humanité à la perdition. C'est ainsi que réapparut dans l'Église l'enseignement de Gottschalk sur la double prédestination. Augustin se gardait d'insister sur l'élection à la damnation (bien qu'il l'enseignât probablement). La logique et la probité intellectuelle de Calvin l'incitèrent à affirmer cette théorie mais, comme Augustin, il refusa de pousser plus loin sa logique. Tous deux étaient des chrétiens consacrés et engagés avant d'être des théoriciens.

La théorie de la prédestination individuelle n'était pas, alors, la conclusion d'une exégèse biblique, mais une doctrine imposée par la nécessité logique de défendre l'absolue souveraineté de Dieu contre celle de l'Église. Et la prédestination à la perdition était le développement naturel et logique de la prémisse admise.

Calvin développa sa doctrine de la prédestination dans le Livre III, chapitre 21A, de son *Institution*. Dans ce chapitre, il essaie de répondre aux questions que pose la bonté de Dieu lorsqu'il sauve certains et refuse d'en sauver d'autres. Ses réponses se centrent sur la folie des simples mortels qui essaient de " sonder la profondeur de la sagesse divine ". " Nous ne devrions pas, dit-il, avoir honte de notre ignorance ", mais " renoncer spontanément à expliquer ce mystère ". Mais il ne faut pas cacher aux croyants ce que l'Écriture enseigne clairement sur la prédestination. Peu de calvinistes ont fait preuve d'une telle humilité, et peut-être pourrions-nous lui laisser davantage de place dans notre propre mode de penser.[3]

Le deuxième niveau d'élection est l'élection à la damnation. Toutefois, une autre dimension est nécessaire pour cerner cette vérité, à savoir l'élection individuelle, particulière ou l'élection de personnes bien précises. Dieu " non seulement offre le salut, mais l'accorde de telle façon que la certitude de son efficacité ne souffre aucun doute ni discussion[5] ".

Joseph Haroutunian, professeur à l'Institut Biblique de Garett (session d'été 1950) rappelait aux étudiants que la doctrine calviniste de la prédestination et de l'élection représentait la réfutation finale de la doctrine catholique des bonnes œuvres et des mérites. " L'horrible décret ", selon l'expression de Calvin citée par Wesley, doit être compris dans le contexte de l'histoire de l'élaboration et du sens de la doctrine.

Calvin n'était pas plus conséquent qu'Augustin. Bien que son système soit logique — on dit que c'est une des théologies les plus logiques jamais écrites — son enseignement, son exégèse biblique et sa théorie sociale faisaient une plus grande place à la responsabilité morale humaine que sa théologie ne le permettait. Comme Augustin, il était meilleur chrétien que théologien.

Dans le vide théologique du 16ème siècle, le besoin d'écoles protestantes de formation pour les pasteurs se faisait cruellement sentir. Un certain nombre d'écoles furent fondées, chacune adoptant un point de vue différent sur la prédestination. L'Église n'avait jamais validé aucun d'entre eux. Les formes rigides des énoncés avaient empêché tout rapprochement avec une frange importante du protestantisme. La Confession des Pays-Bas, plus modérée, plus souple, et celle de Heidelberg se rapprochèrent autant que possible de " l'orthodoxie ". Quand on plaida en faveur de l'interprétation supralapsarienne de ces confessions, beaucoup d'intellectuels redoutèrent qu'une nouvelle papauté constituée dans le clergé ne sape la liberté de l'Église. Le problème de la prédestination était antérieur à Calvin et ne se limitait pas à des questions purement théologiques. Le problème de la tolérance religieuse, politique, ecclésiastique et sociale en général, était compris dans la controverse sur la prédestination.

Calvin, l'érudit, établit une université à Genève, en Suisse, pour former des pasteurs. Des jeunes gens vinrent de toute l'Europe, mais surtout des Pays-Bas pour y étudier. C'est ainsi que la théologie de Calvin se répandit rapidement et largement en Europe. Calvin lui-même occupait la chaire de théologie. A sa mort, l'un de ses élèves, Théodore de Bèze, lui succéda à la Faculté comme professeur de théologie. C'est à partir de ce moment-là qu'il faut faire clairement la distinction entre les *conceptions de Calvin* et le *calvinisme* qui se développa par le biais de ses adeptes et qui adopta plusieurs tendances. Calvin ne reconnaîtrait certainement pas tous les enseignements donnés de nos jours sous le nom de calvinisme. (De même, Wesley n'approuverait pas tous les types de wesleyanisme existants aujourd'hui.) Comme c'est le cas pour tous les grands chefs de file, leurs disciples ne parviennent généralement pas à avoir une perspective globale de la vérité telle que l'avait le maître : on retient des parcelles de vérité ou des points forts sortis de leur contexte pour leur donner une place prépondérante. Ainsi se sont développés plusieurs paulinismes, calvinismes, wesleyanismes, et même bouddhismes ou mormonismes. Si l'on veut évaluer les mouvements chrétiens modernes, il est nécessaire de bien comprendre ce principe.

* * *

DOUBLE PRÉDESTINATION ET DÉCRETS DIVINS

Théodore de Bèze devint le maître à penser de l'université de Genève. Son interprétation de l'enseignement de Calvin influença le calvinisme dans toute l'Europe par le biais des étudiants en théologie qui venaient étudier là.

Théodore de Bèze fit faire un autre pas inévitable à la logique de la Réforme. Augustin et Calvin étaient tous deux des chrétiens trop consacrés et réalistes pour permettre à leur raisonnement d'aller jusqu'à ses conclusions ultimes. La croyance d'Augustin en un Dieu *d'amour* se satisfaisait de la conclusion selon laquelle les décrets divins assurent le salut aux élus. Calvin était trop rempli d'amour pour ce Dieu *juste* pour aller au-delà de sa théorie de la double prédestination. Étant donné que personne ne mérite le salut, Dieu ne fait pas preuve d'injustice en sauvant certains et en damnant les autres. Même une âme damnée en enfer devrait se réjouir d'avoir été personnellement choisie par un Dieu très miséricordieux pour sa destinée particulière. D'une certaine façon, la gloire de Dieu se révèle par ses décrets jusqu'en enfer. Dieu est juste et équitable.

Mais l'esprit avisé et logique de Théodore de Bèze n'était pas retenu par le même amour de Dieu, si caractéristique d'Augustin et de Calvin. Il comprenait seulement que si Dieu est absolument souverain, si l'homme ne peut s'empêcher de pécher et que si les hommes sont sauvés ou damnés par décret divin, on est alors conduit à la conclusion que Dieu est à l'origine du péché de l'homme comme il est à l'origine de son salut. Théodore de Bèze n'était pas l'auteur de cette doctrine qui n'est qu'un aspect voilé et inhérent à l'approche globale de la théologie inspirée d'Augustin. Ni Augustin ni Calvin n'avaient prévu cela, et ils n'auraient probablement pas non plus approuvé cette conclusion exprimée de cette manière.

La logique de Théodore de Bèze se révèle dans son " ordre des décrets divins " connu comme la conception supralapsarienne. Selon cette théorie, le péché, rendu nécessaire pour exécuter les décrets divins concernant la damnation de certains hommes, a dû aussi être décrété par Dieu avant les autres décrets. Cette doctrine extrême de la prédestination était alors enseignée à l'université de Genève comme étant le calvinisme orthodoxe. Les pasteurs de certaines Églises Réformées enseignaient cette doctrine qui était en contradiction avec le texte plus modéré de la Confession des Pays-Bas, reconnue comme orthodoxe par la plupart des Églises calvinistes.

Il faut noter deux choses à propos du calvinisme de Théodore de Bèze. Premièrement, il souscrivait à un certain ordre des décrets divins. Celui-ci était à la base de la position théologique extrême qu'il adoptait. Deuxièmement, indépendamment de ce que la Bible enseigne, il affirmait savoir quel était l'ordre correct de ces décrets. Ceci n'était pas en accord avec ce qu'avait dit Calvin sur la connaissance que l'homme a de Dieu. L'existence d'autres ordres (de décrets) dont découlaient d'autres conclusions théologiques sans justification biblique meilleure ou pire, atteste la précarité de cette manière d'édifier des fondements de systèmes théologiques.

Les wesleyens ne parlent généralement pas des décrets de Dieu. Par contre, dans d'autres traditions protestantes, ceux-ci jouent un rôle très important en théologie. L'ordre selon lequel les décrets sont supposés être liés entre eux détermine la spécificité de chacune de ces traditions. Bien que les wesleyens ne sachent pas toujours comment la théologie calviniste se structure autour d'un concept de décrets, il semble évident qu'il existe une relation bien nette entre cet " ordre " et l'enseignement de la sotériologie qui en découle.

Chez ceux qui ont fondé leur théologie sur les décrets, on observe l'existence de plusieurs décrets prétendument divins, ou éléments se rapportant au dessein de Dieu pour le monde, ainsi que la manière dont il accomplira ce dessein. Celui-ci a été déterminé dans les conseils secrets de la divinité avant la fondation du monde. Parmi les décrets figurent ceux qui concernent l'ordre de la création, de la chute et du salut. Il est curieux de constater qu'il y a une divergence d'opinion, réelle et importante, à propos de l'ordre convenable de ces décrets. Cette divergence se manifeste quand le débat porte sur la connaissance que Dieu a : s'agit-il d'une connaissance de nature prédictive (c'est-à-dire prophétique), ou Dieu dans sa prescience sait-il simplement ce que les hommes feront ? Si l'on retient ce dernier cas, comment Dieu peut-il avoir connaissance d'un événement qui ne s'est pas produit si l'auteur de cet événement est réellement libre de faire son propre choix ? Une telle éventualité ne limite-t-elle pas la souveraineté de Dieu ?

Le système *supralapsarien* place le décret d'élection de certains hommes au salut et d'autres à la damnation avant celui qui les crée. *L'infralapsarianisme,* au contraire, place le décret de création des humains avant celui qui autorise la chute, ce dernier étant lui-même immédiatement suivi du décret accordant le salut. Le *sublapsarianisme* place le décret accordant le salut après celui a) de la création, b) de la chute et c) de l'élection individuelle. Les différences de chronologie de ces divers modes de systématisation ont des implications importantes.

Arminius remarquait que dans certains de ces systèmes, Christ passait au deuxième plan et était, en fait, rendu inutile par ces décrets, quel que soit leur ordre d'intervention. D'après cette théorie, les hommes sont sauvés non par le Christ, mais par le décret ou la volonté de Dieu. De plus, le plan de salut semble avoir été voulu en deuxième intention par Dieu. Si on veut tenir compte de l'intervention du Christ, on ne peut pas ne pas voir un antagonisme fondamental dans la nature de Dieu, entre sa sainteté et son amour, entre sa justice et sa miséricorde, entre sa volonté et ce qu'il permet.

Pour résoudre cette contradiction impossible, il est nécessaire de situer la question de l'intégrité morale de Dieu au-delà du voile de la compréhension humaine et de dire : " On ne peut demander à

Dieu des comptes sur son plan éternel et impénétrable. Qui sommes-nous, pauvres vers de terre, pour dire ce que Dieu peut ou ne peut pas, devrait ou ne devrait pas faire " ?

Cependant, c'est précisément la nature morale de Dieu, telle qu'il la révèle, qui nous donne la seule idée de toute droiture morale que nous puissions connaître. Devons-nous être plus justes que Dieu ou pouvons-nous rendre Dieu conforme à un certain ordre moral universel, extérieur à lui ? Faut-il justifier l'incapacité de Dieu à se conformer à un ordre moral que nous avons établi ?

La solution consiste à remonter, une fois de plus, le fil du temps pour trouver, si possible, quel était le plan de Dieu dans la création. Toutefois, nous devons nous rappeler que là où la révélation est muette, nous ne devrions pas nous hasarder à parler. Ceci ne veut pas dire que nous devons rester ignorants. " L'Agneau immolé avant la fondation du monde " est une indication permettant de postuler un décret — si un tel mot est juste — qui place le Christ au centre même de l'existence humaine. Il n'est pas seulement la Parole créatrice de Dieu, mais il est la source de l'amour de Dieu et de sa grâce rédemptrice. L'amour est fondamentalement de nature sacrificielle, et l'amour qui appela à l'existence des intelligences capables de rendre cette affection était aussi un amour qui pouvait, pourrait et peut pardonner et sauver l'homme, au prix effrayant d'une souffrance personnelle. Mais derrière la création, il y avait l'amour personnel d'un Dieu personnel qui s'est révélé par la deuxième personne de la divinité. *C'est cela la grâce* : la grâce originelle qui précédait le péché originel et l'anticipait. Cette grâce prévenante, comme nous la désignons dans notre langage théologique, n'a pas été décidée en deuxième intention, mais elle est l'expression de l'amour bienveillant, débordant de Dieu qui entoure chaque étape de l'histoire de l'humanité depuis la première manifestation de la vie intelligente jusqu'au dernier soubresaut de l'existence humaine dans l'histoire.

Une complication intéressante et importante se produisit pour le calvinisme. Au fur et à mesure que l'emprise politique du catholicisme romain disparaissait aux Pays-Bas, le calvinisme en tant que force *politique* gagna du terrain. Les *Confessions* devinrent une sorte de charte d'après laquelle un groupe de chrétiens avait le droit d'exister en tant qu'Église. Les *Confessions* définissaient la nature pacifique du groupe, l'empêchaient généralement d'être persécuté et essayaient de modérer l'ingérence politique. Cependant, aux Pays-Bas, ce n'était pas simplement le calvinisme, mais *l'interprétation* du calvinisme par Théodore de Bèze qui, dans une large mesure, déterminait l'orthodoxie religieuse. Donc, remettre en question l'interprétation du calvinisme de Théodore de Bèze revenait à remettre en question la structure politique du pays, ce qui représentait une trahison envers le gouvernement. C'est dans ce contexte confus et complexe qu'intervint Arminius qui, en bon calviniste lui-même, remit en question une interprétation non biblique de la prédestination. Il le fit en plein milieu d'une " rivalité entre les militaires hollandais et les responsables civils. Politique et religion étaient inextricablement liées dans ce pays[6] ".

L'existence de cette rivalité ne mérite qu'une mention rapide dans cette courte étude, mais si l'on veut comprendre correctement l'arminianisme, il est indispensable d'en connaître toute l'histoire. Finalement, certains arminiens devaient être exécutés, car considérés comme traîtres et non pas comme de simples adversaires de la position théologique de Théodore de Bèze. Ce rejet ambigu et passionné des arminiens par les calvinistes, dû à cette confusion entre les intérêts religieux et politiques, a des répercussions dans les divergences théologiques d'aujourd'hui. Pour une large part, l'attitude actuelle des calvinistes vis-à-vis de l'arminianisme évangélique ne serait plus la même si la vraie nature du conflit originel était mieux comprise.

IDÉES D'ARMINIUS SUR LES DÉCRETS DIVINS

James Arminius est né à Oudewater en Hollande en 1560. Sa mère qui était veuve fut, pour des raisons pécuniaires, obligée de confier le jeune James à quelqu'un d'autre. Il fut adopté par un prêtre catholique converti qui l'envoya à l'école à Utrecht. A la mort de celui-ci, un professeur de Marburg conduisit ce brillant garçon à l'université luthérienne de la ville. Peu de temps après, les Espagnols s'emparèrent d'Oudewater et tuèrent la plupart des habitants parce qu'ils refusaient de revenir à la foi catholique. La mère, les frères et la sœur d'Arminius faisaient partie des victimes. Cette intolérance politique impitoyable le remplit d'amertume et explique probablement la résistance à l'intolérance religieuse qu'il manifesta plus tard.

Le jeune homme, triste et sans domicile, trouva refuge dans la maison de Pierre Bertius, pasteur de l'Église Réformée de Rotterdam, qui l'envoya à la nouvelle université de Leyde. Il y fut remarqué comme érudit. Finalement, les protecteurs de la grande l'Église d'Amsterdam l'adoptèrent et lui assurèrent la meilleure éducation possible en lui faisant promettre, en échange, de revenir comme pasteur chez eux s'ils le lui demandaient. En bref, Arminius fut envoyé à l'université de Genève pour sa formation au ministère ; il y étudia la théologie sous la direction de Théodore de Bèze et d'autres. On peut se demander si Arminius accepta ou non les conceptions de Théodore de Bèze, mais il est sûr qu'il eut au moins connaissance de sa position calviniste rigide.

A la fin de ses études à Genève, Arminius devint pasteur de l'Église d'Amsterdam. C'était un prédicateur brillant, un exégète biblique doué, un chrétien humble et consacré. Il s'était fait surtout remarquer pour ses exposés clairs, et sa popularité en tant que prédicateur attirait beaucoup d'auditeurs.

En Hollande, en 1589, un laïc cultivé, M. Koornheert, suscita de violentes réactions dans les milieux théologiques par ses conférences et écrits savants, qui réfutaient la théorie supralapsarienne des décrets divins de Théodore de Bèze. Qu'un laïc en soit arrivé là est révélateur du mécontentement, partagé par beaucoup, à l'égard de la position de Calvin et de Théodore de Bèze. Koornheert démontrait que si, comme le soutenait Théodore de Bèze, Dieu est à l'origine du péché, alors il en est en réalité l'auteur. Il disait que la Bible n'enseigne pas une chose si monstrueuse. Il attirait un si large auditoire et argumentait si brillamment que l'on redouta une remise en cause de tout le système calviniste des Pays-Bas ainsi qu'une déstabilisation politique. Aucun prédicateur ne semblant pouvoir réfuter Koornheert, Arminius reçut la mission de le faire.

Il se prépara donc à répondre à Koornheert. Il se remit sérieusement à l'étude de la prédestination à partir de la Bible elle-même et, en particulier, à partir de l'épître aux Romains. Il se concentra sur le chapitre neuf, point d'appui de la doctrine des calvinistes. Or, plus il approfondissait l'étude de cette épître, plus il était convaincu que ce que Paul enseignait était, en fait, une réfutation du type de prédestination enseigné par Théodore de Bèze. Les juifs croyaient qu'ils étaient prédestinés au salut par Dieu et que rien ne pouvait changer cet état de chose et que Dieu serait injuste de rejeter un juif. L'épître aux Romains fut écrite justement pour faire la distinction entre la souveraineté absolue de Dieu dans l'histoire et les conditions d'un salut personnel. Celui-ci s'obtient toujours par la foi et non par décret. C'est en ceci que réside la justice divine[8]. Arminius n'abandonna pas, à ce moment-là ou même plus tard, sa croyance en la prédestination divine, mais il conçût la prédestination biblique d'une manière différente de celle enseignée par Théodore de Bèze.

L'érudit qu'était Arminius se devait maintenant d'explorer plus à fond le sujet. Il lut les Pères de l'Église. Grâce à un travail magistral de recherche savante, il démontra dans un essai, d'une part, qu'aucun Père de l'Église digne de ce nom n'avait jamais enseigné les conceptions de Théodore de Bèze et, d'autre part, que la théologie de la double prédestination de Calvin n'avait jamais été officiellement acceptée par l'Église. Augustin lui-même, bien que cela nous surprenne, enseignait la pleine responsabilité morale, non seulement avant la controverse pélagienne, mais aussi après[9]. La réfutation de l'hérésie de Koornheert n'eut jamais lieu.

Suite à cette étude, Arminius commença à prêcher une série de sermons à partir de l'épître aux Romains. Il n'attaquait pas les vues extrêmes de ses collègues, mais exposait à ses auditeurs la riche et authentique signification de cette épître. Finalement, ses détracteurs remarquèrent qu'il ne mettait pas l'accent sur le supralapsarianisme.

Au lieu de lui en parler ouvertement, ils firent circuler des rumeurs à son sujet. D'après eux, il serait devenu catholique, semi-pélagien, en raison de ses rapports antérieurs avec un prêtre. En outre, son récent voyage à Rome avec un ami ne révélait-il pas son penchant secret pour le catholicisme ? Ces accusations étaient graves, pas tellement d'un point de vue théologique, mais surtout parce que le protestantisme combattait, à la fois, les abus du système hiérarchique catholique et sa lourde domination politique.

Chaque fois qu'Arminius se voyait accorder la possibilité de défendre publiquement sa présentation des Écritures., son savoir tranquille et sûr venait à bout de tous les arguments. Nul ne pouvait le réfuter sur la base d'une interprétation biblique. Puisque personne, en fin de compte, n'osait prendre ouvertement position contre lui, ses ennemis sortirent ses paroles de leur contexte et cherchèrent par tous les moyens à saper son influence. Arminius était un homme de paix qui déplorait l'agitation qui couvait dans l'Église, surtout s'il en était lui-même à l'origine. Il demanda à s'expliquer officiellement en public, ce qui lui fut refusé de son vivant ; mais le synode de Dordrecht, tenu après sa mort, fut la réponse à sa requête, quoique s'agissant d'une circonstance tout à fait différente de ce qu'il avait souhaité, puisque tout débat libre était absolument impossible.

Arminius fut finalement nommé à la chaire de théologie de l'université de Leyde malgré sa position théologique connue. Là, il se heurta au calvinisme rigide de Gomar. Ce professeur, titulaire de la chaire de Nouveau Testament, défia Arminius sur la question de l'autorité biblique. Arminius refusa que son interprétation biblique soit soumise aux credo. Dans le feu de la controverse, on précisa que " l'Écriture sainte devait être interprétée selon la Confession et le Catéchisme ". Bien qu'il s'agisse d'une déclaration extrême, c'était bien là la position qui sous-tendait la controverse. Arminius répondit dans ce sens[10].

Jamais personne n'accusa Arminius de malmener l'Écriture, mais seulement de ne pas s'en servir pour défendre une position prédéterminée. Arminius affirmait que l'autorité se trouvait dans la

Parole de Dieu, et non dans les opinions des hommes. Il appartient, alors, aux hommes de trouver ce que dit la Parole de Dieu. Les dirigeants de l'Église voulaient, en réalité, qu'Arminius arrête de prêcher que la Bible est l'autorité suprême. Ils disaient qu'il devait, au contraire faire du credo calviniste la véritable autorité suprême. Mais la question demeurait de savoir quel credo faisait autorité.

Le parti supralapsarien voulait que chaque pasteur signe tous les ans la *Déclaration de foi* afin de maintenir son lien avec l'Église, moyennant quoi la conformité et la stabilité de l'Église et du gouvernement étaient assurées. Arminius leur rappela qu'ils étaient dans l'incapacité de décider quel credo prévalait sur l'autre. Il voulait que la Bible soit la seule base d'orthodoxie et il soulignait son opinion en soulevant deux questions d'importance : (1) la Parole de l'homme prévaut-elle sur la Parole de Dieu ? (2) La conscience d'un chrétien est-elle liée par la Parole de Dieu ou par celle de l'homme ? Le débat ne portait pas principalement sur la prédestination en tant que telle, " mais aussi sur le rôle du magistrat et sur la tolérance ". Le risque était que le ministère " usurpe le pouvoir du Christ et, ce faisant, développe une nouvelle papauté[11] ". Les théories de la prédestination menaçaient de masquer des questions plus importantes qui s'envenimaient dans les coulisses.

Il est impossible de relater ici toute l'histoire, mais il nous faut présenter les questions qui étaient en cause.

Arminius rejetait le concept supralapsarien des décrets divins car :

1. Il n'était pas enseigné dans l'Écriture.

2. Il n'avait pas été soutenu par des chrétiens responsables et érudits en mille cinq cents ans d'histoire et n'avait jamais été accepté par l'ensemble de l'Église.

3. Il faisait de Dieu l'auteur du péché.

4. Par ce concept, le décret de l'élection se réfère à l'homme incréé.

Si, comme l'enseignaient Théodore de Bèze et Gomar, Dieu fait pécher les hommes, alors il est l'auteur du péché. Arminius soulignait que la logique supralapsarienne ne pouvait éviter cette conclusion et il ne se privait pas de dénoncer ce raisonnement fallacieux.

> Parmi tous les blasphèmes proférés contre Dieu, le plus grave est celui qui fait de lui l'auteur du péché. Le poids de cette accusation est aggravé si on ajoute que Dieu est, pour cette raison, l'auteur du péché de l'homme afin qu'il puisse damner et conduire sa créature à la destruction éternelle à laquelle il l'avait destinée à l'avance sans qu'elle ait déjà péché. Ainsi, " Il serait à l'origine de l'iniquité de l'homme afin de pouvoir lui infliger la malédiction éternelle.
>
> Personne ne proférera un tel blasphème contre Dieu que tout le monde conçoit comme bon. On ne peut accuser aucun des docteurs des Églises réformées " d'avoir professé que Dieu était l'auteur du péché " ... toutefois, il est possible que quelqu'un soit capable, par ignorance, de donner un enseignement dont on puisse, en toute logique, conclure que Dieu, d'après cette doctrine, est désigné comme l'auteur du péché ". Si c'est le cas, alors, ... il faut exhorter les docteurs de l'Église à abandonner cette doctrine entraînant une telle conséquence logique et à s'en débarrrrasser[12].

Ceci ferait inévitablement de Dieu le seul pécheur réel de l'univers. Personne n'enseignait une chose si audacieuse, mais Arminius fit remarquer qu'une théologie déterminée par la logique et non par la Parole de Dieu, aboutirait en fin de compte à cette conclusion inévitable. C'est seulement en enracinant la théologie dans la Parole de Dieu, que les erreurs de jugement humain seraient évitées. De telles erreurs humaines entraîneraient inévitablement des conclusions qui détruiraient l'essence même de la foi chrétienne.

Arminius mourut en 1609 avant que les problèmes théologiques n'aient atteint leur point culminant. Ses successeurs poursuivirent le combat chacun à sa manière. Certains étaient fidèles à l'esprit évangélique d'Arminius (Episcopius). D'autres pensaient qu'il y avait des questions plus importantes en jeu, telles que la séparation de l'Église et de l'État, et les bases de la démocratie (Hugo Grotius, père du droit international). Limborch interpréta le conflit arminien d'une manière théologique libérale et fit croire que l'arminianisme détruisait la foi chrétienne.

Il nous faut maintenant résumer l'enseignement d'Arminius puisqu'il se rapporte à notre problème de la prédestination (de la sanctification). Les principes qu'il a établis permettent de voir comment les théories de la prédestination se rapprochent ou s'éloignent de la doctrine de la sainteté qui sera développée ultérieurement par les wesleyens. Arminius posa les fondements d'une doctrine biblique de la sanctification bien que lui-même ne l'ait pas développée.

1. *Principes d'Arminius concernant la prédestination.*

a. La doctrine de la prédestination doit être biblique et non de prime abord logique ou philosophique. (Ce point de vue devait devenir, plus tard, le principe de Wesley.)

b. La prédestination doit être comprise de façon christocentrique. Christ — et non les décrets — est la source et la cause du salut.

c. Le salut doit être évangélique, c'est-à-dire qu'il s'obtient par une foi personnelle au Christ.

d. D'une part, toute théorie de la prédestination qui, par déduction logique, fait de Dieu l'auteur du péché, n'est pas biblique. D'autre part, il ne doit pas non plus être logiquement possible de dire que l'homme peut être l'artisan de son propre salut[13].

2. *Théorie d'Arminius sur la prédestination en terme de quatre décrets*[14] :

a. " Dieu décida d'envoyer son fils Jésus-Christ ... afin qu'il détruise le péché par sa propre mort ". Christ est l'homme élu. Ce ne sont pas des individus particuliers qui sont choisis pour le salut, mais c'est le Christ qui a été désigné comme le seul Sauveur des hommes. *Le chemin du salut est prédestiné.* Ainsi, tout le concept de la prédestination est changé. Premièrement, la priorité donnée à la créature humaine en tant que telle est reportée sur le Christ et, deuxièmement, l'accent mis sur les décrets divins est déplacé et porte sur les conditions du salut : c'est Christ, et non l'élection ou les décrets divins, qui est le Sauveur et la Porte.

> Arminius redoutait, non sans raison, que Théodore de Bèze et Gomar, interprètes supralapsariens de Calvin, finissent par séparer la doctrine et la Christologie, et ne se servent du Christ que comme d'un moyen ou d'un instrument pour mettre en œuvre un décret abstrait pris antérieurement. Arminius chercha à formuler la doctrine à la lumière de l'Écriture et à la rattacher totalement à la christologie[15].

Karl Barth reproche aux calvinistes de ne pas inclure le Christ dans leur théorie de l'élection. L'analyse de la critique de Barth, faite par Bromiley, est la suivante : " Ils (les calvinistes) commencent avec le décret antérieur de Dieu qui, en réalité, n'a que fort peu de choses à voir avec le Christ ; il n'y est introduit que comme l'agent de l'accomplissement de ce décret qui selon l'interprétation calviniste, est absolu et inconnu ".

Bangs fait remarquer que dans cette déclaration préliminaire, il n'est fait nulle mention de la foi de l'homme ou de la prescience de Dieu. L'accent est plutôt mis sur " le décret absolu ayant le Christ comme objet[16] ".

b. Dieu a décrété que ceux qui se repentiraient et croiraient, recevraient la faveur divine. Tout l'accent se porte sur " en Christ ". A cause de lui et par lui, le salut est assuré à ceux qui persévèrent.

c. Dieu a déterminé les moyens (le pouvoir) de réaliser son plan. La grâce devait être offerte à tous les hommes, donnant ainsi à chacun la possibilité de se tourner vers le Christ et de placer sa confiance en lui. C'est cela la grâce prévenante qui laisse à l'humanité une chance de salut. Par cette grâce, les hommes reçoivent le pouvoir de croire. Mais Dieu ne peut pas croire à notre place. C'est de lui que vient cette capacité, mais l'acte de foi ne peut venir que de l'homme seul.

d. Dieu prédestine en se basant sur sa prescience. Il sait qui croira et qui restera incrédule ; c'est en fonction de cela qu'il prédestine. Bangs remarque, une fois de plus, qu'isoler l'un ou l'autre de ces quatre principes et les traiter séparément empêche de comprendre toute la pensée d'Arminius. Le Christ, l'élu et le seul Sauveur, doit être le fondement de tout le système, les trois autres principes dépendant de celui-ci et ne pouvant être compris que par rapport à lui[17].

Les divergences des points de vue entre calvinistes et arminiens sur la prédestination sont à l'origine de celles existant aujourd'hui sur les conceptions de la sanctification.

RÉSUMÉ DES CONCEPTIONS ARMINIENNES

Arminius ne rejetait pas la prédestination en elle-même ou l'enseignement biblique la concernant, mais par une exégèse précise il montrait que l'interprétation de la prédestination de Théodore de Bèze n'était pas fondée bibliquement. L'origine de la théorie supralapsarienne des décrets (ou de tout système de décrets donnant une orientation spécifique à un système théologique) était double : (1) Elle supposait certaines choses sur Dieu et sur son mode d'intervention dont la Bible ne nous parle pas. Dans ce domaine, la connaissance humaine doit toujours s'incliner humblement devant Dieu, mais c'est également dans ce domaine que les hommes sont souvent les plus dogmatiques ; (2) L'erreur qui découle de ce qui précède consistait à supposer *(a)* que Dieu agissait par décrets et *(b)* que les hommes pouvaient connaître l'ordre dans lequel Dieu les avait ordonnés. Ce qui est décidé " dans le conseil secret et éternel de la pensée de Dieu " est présumé être révélé à l'intelligence humaine, et devient alors la norme de l'orthodoxie.

Le concept de la prédestination individuelle suggère naturellement la nécessité d'un décret ; autrement, comment Dieu pourrait-il prédestiner quoi que ce soit ? Le concept de décret révèle quelle idée le théologien se fait de Dieu. C'est là qu'Arminius vit les insuffisances de la philosophie de Théodore de Bèze. En fait, qu'est-ce qu'un décret ? Dieu peut ou non régler le cours de l'univers par décret, ou tout au moins par ce que l'homme entend par décret. Mais il est plus que certain que la Bible ne nous donne aucune indication concernant la nature ou l'ordre de ces décrets ; c'est pourquoi les divergences théologiques provenant des divers ordres de décrets ne sont pas de vraies causes de divergences et de divisions théologiques dans la communion des chrétiens.

Un calviniste plus proche de nous dans le temps, le Dr A. A. Hodge, a modifié le concept le plus extrême des décrets divins en déclarant :

> **Nous croyons que le décret de Dieu est un dessein unique et éternel. Il ne peut y avoir un ordre de succession dans son plan. Le tout est l'expression d'un seul choix. ... C'est pourquoi, en ce qui concerne l'ordre des décrets, le problème *n'est pas* celui de l'ordre dans lequel ils se présentent lorsque Dieu les énonce, mais celui de la relation réelle existant entre les diverses parties du système et leur manière d'être reliées les unes aux autres par décrets[18].**

Ceci explique toutefois que la relation des diverses parties du système à l'ensemble est un problème théologique et non biblique. Et les systèmes théologiques résultant d'une conception supralapsarienne ou sublapsarienne des décrets aboutissent à des contradictions importantes et irréconciliables en ce qui concerne le salut.

Les divers ordres des décrets divins déterminés selon des critères philosophiques obscurcissent la vérité de la doctrine biblique de la prédestination. Celle-ci nous met en garde contre toute théorie de la capacité naturelle de l'homme à défendre l'absolue souveraineté de Dieu, contre l'enseignement de Pélage d'après lequel l'homme n'est pas absolument dépendant de la grâce de Dieu. Dieu est souverain. Cette vérité était partagée par les réformateurs, Calvin, Théodore de Bèze, Arminius et plus tard par Wesley.

La doctrine de la prédestination de Calvin s'opposait à l'erreur catholique du salut par l'Eglise[19], et par les bonnes œuvres de l'homme[20]. Ceci est, certes, un motif juste. Mais si, sous l'influence du concept humain des décrets divins, la prédestination devient une doctrine spéculative prétendant connaître les secrets intimes de la pensée de Dieu, alors elle ne sert plus les intérêts de la théologie chrétienne.

L'enseignement d'Arminius était une critique éthique du concept supralapsarien de la prédestination. Les conséquences de cette théorie tendent à relâcher l'intégrité morale. Si Dieu est l'auteur du péché et du salut, pourquoi l'homme devrait-il essayer de corriger sa mauvaise conduite ? Les conséquences inhérentes au supralapsarianisme tendent à déposséder le christianisme de son dynamisme évangélique ainsi que de sa discipline morale élevée.

Arminius insistait sur une interprétation de la prédestination qui voyait dans la grâce divine un moyen de fortifier et non d'affaiblir la vie morale. La grâce, c'est l'amour de Dieu et la force morale disponibles pour tous les hommes. La grâce, pensait-il, n'est pas imposée arbitrairement par Dieu à la passivité humaine. Ce n'est pas une cause divine arbitraire, mais c'est le don gratuit de Dieu par lequel il confère capacité et aptitude.

Pour Arminius, la prédestination doit être *christocentrique,* comme c'est le cas dans l'Écriture, et comme cela doit être dans toutes les théologies. Ce centrage sur le Christ fut le correctif le plus important des erreurs du calvinisme et la grande priorité arminienne.

L'autorité finale pour la foi chrétienne et la vérité théologique est la Parole de Dieu. En fait, c'est elle qui doit être le juge des différentes confessions de foi. C'est pourquoi, la théologie et les confessions de foi ne doivent pas affirmer des choses catégoriquement sur la nature et l'œuvre de Dieu avant d'avoir, préalablement, fait un travail exégétique approfondi de l'Écriture. C'est à cette seule condition que l'on peut trouver la révélation. La théologie doit *toujours* être soumise à la Parole de Dieu.

CHAPITRE 3

Caractéristiques théologiques du calvinisme, de l'arminianisme et du wesleyanisme

SYNODE DE DORDRECHT

Plus nous avançons dans ce bref exposé historique en nous basant sur l'étude qui précède, plus les différences d'orientation spécifiques existant dans le monde théologique évangélique contemporain apparaissent de manière significative.

A la mort d'Arminius, Simon Episcopius, érudit et chrétien fidèle, reprit le travail commencé par Arminius et le poursuivit. Lui et ses amis, appelés les Remontrants, formulèrent la position arminienne en vue de la confrontation publique qui allait finalement avoir lieu. Le Synode contesta les points de l'arminianisme par ce qui est maintenant connu comme les cinq points du calvinisme. Le tableau suivant fait apparaître le contraste existant entre les deux points de vue :

LES CINQ PROPOSITIONS DES REMONTRANTS

1. *Élection conditionnelle,* sur la base de la prescience.

2. *Grâce universelle,* limitée par la foi individuelle de l'homme.

3. *Incapacité naturelle* de l'homme à faire le bien sans l'aide de la grâce divine.

4. *Grâce prévenante* qui est à l'origine de tout le bien dans l'humanité. La volonté pervertie du pécheur peut s'opposer à cette grâce et la rendre inopérante.

5. *Persévérance conditionnelle dans la grâce.* Bien que la grâce de Dieu soit suffisante pour faire face à n'importe quelle situation, les hommes peuvent ne pas en tenir compte, perdre la grâce et être damnés à jamais.

RÉPONSE CALVINISTE

1. *Élection inconditionnelle* / *prédestination individuelle*.

2. *Grâce limitée* seulement à ceux qui sont élus.

3. *Incapacité naturelle* ou *dépravation totale*. La régénération doit précéder la conversion.

4. *Grâce irrésistible* ou *appel efficace*. L'homme à qui Dieu accorde sa grâce sera sauvé ; il ne peut résister à cette grâce.

5. *Persévérance jusqu'à la fin*, assurance inconditionnelle et éternelle du salut.

Le synode de Dordrecht s'ouvrit le 13 novembre 1618 et tint 154 sessions avant de se terminer le 9 mai 1619. Cent deux calvinistes orthodoxes hollandais étaient membres officiels de la conférence à laquelle participaient aussi 28 délégués de pays étrangers. Treize représentants arminiens étaient présents, mais ils étaient prisonniers d'état, condamnés pour trahison à cause de leurs idées sur la théologie et sur la tolérance pour tout ce qui concerne les affaires de l'Église et de l'État ; de ce fait, ils ne disposaient ni du droit de parole ni de vote. Dès lors, les cinq points du calvinisme furent unanimement déclarés représenter la position calviniste officielle, tandis que les cinq points des Remontrants furent déclarés hérétiques.

Le synode donna au calvinisme sa forme infralapsarienne et celle-ci reste la formulation autorisée de l'ultracalvinisme actuel. L'ultracalvinisme d'aujourd'hui considère ses propres vues comme étant équivalentes à celles du christianisme intégral, déclarant : " On n'est pas calviniste parce qu'on a été élevé dans le calvinisme ni parce qu'il convient à notre sensibilité, ni parce que cela est souhaitable sur le plan social. On adhère au calvinisme uniquement parce qu'il est la seule vérité. Celui qui n'est pas avec nous est contre nous[1] ".

Tout ce qui se situe en dehors des cinq points dans leur ensemble est rejeté comme étant non seulement non calviniste mais véritablement non chrétien, théologiquement parlant.

Arminius vécut et mourut calviniste. L'arminianisme d'Arminius n'a rien à voir avec le pélagianisme. Il y a de nombreux courants de théologie et d'idéologie politique, appelés arminiens, qui s'écartent énormément de l'enseignement d'Arminius. La plus grande partie du calvinisme actuel est un calvinisme teinté d'arminianisme. Il est évangélique et intéressé à l'évangélisation. Mais l'ultracalvinisme n'est ni l'un ni l'autre. Il existe aussi de nombreuses sortes de calvinisme, certaines aussi libérales que le libéralisme arminien. On ne peut employer de manière significative les termes de calvinisme et d'arminianisme sans les définir préalablement avec exactitude.

Nous pouvons maintenant présenter les caractéristiques théologiques spécifiques de ces trois importantes traditions protestantes. En premier lieu, il faudrait se rappeler que le suffixe *isme* attaché à ces noms peut refléter des enseignements assez différents de ceux professés par les personnes qui leur ont donné leur nom à l'origine. Ces grands penseurs chrétiens ont élaboré leur position en pleine controverse ; c'est pourquoi ils ont eu tendance à être plus extrêmes qu'ils ne l'auraient été dans d'autres conditions. Dans le feu des affrontements, le point essentiel de la controverse était, pour le moins, souvent rendu vulnérable aux attaques de ceux qui en oubliaient toute modération et érudition. Les disciples, également, choisissent souvent certains points forts des enseignements du maître pour les développer à leur façon, les mettant dans des contextes différents et, en altérant ainsi quelque peu le sens.

Conscient de ces tendances, nous allons maintenant examiner brièvement ces traditions théologiques qui ont contribué à l'émergence des mouvements contemporains issus de leur brassage. On peut faire la classification suivante : ultracalvinisme, arminianisme, arminianisme wesleyen, calvinisme modéré ou modifié (quelquefois appelé néo-calvinisme), et deux mélanges intéressants, *(a)* le calvinisme wesleyen et *(b)* le wesleyanisme calviniste — le premier désavouant toute relation majeure avec Wesley ou Arminius et le second rejetant toute relation avec le calvinisme. Cela peut paraître confus mais, soyez assurés que cela l'est bien davantage si l'on n'établit et ne présente pas une classification du type de celle que nous donnons ci-dessus.

ULTRACALVINISME

Le calvinisme rigide ou extrême est défini par les cinq points du synode de Dordrecht et est énoncé dans la *Confession de foi* de Westminster. Il déclare que certains hommes et anges sont prédestinés au salut par Dieu pour la manifestation de sa gloire, et les autres à la perdition. Le nombre dans chacun des deux groupes est fixé de manière définitive et est donc inchangeable. Ceux qui sont destinés au salut et qui ont été choisis avant la création l'ont été par la libre volonté de Dieu, sans aucune obligation quelconque de la part de celui qui doit être sauvé. Le salut de ces personnes élues est accordé sans condition, et elles sont assurées de tous les effets bénéfiques de l'expiation. Tous les autres sont laissés de côté[2].

Les cinq points sont cohérents. Si *la souveraineté absolue de Dieu* est comprise dans le sens d'Augustin et de Calvin (prémisse du raisonnement), alors le reste du système est logiquement nécessaire. Aucun des points ne peut être séparé de l'ensemble. En fait, la moindre déviation détruit tout le système. Mais si Dieu *n'est pas* comme ce système suppose qu'il est, peut-être qu'aucun des points n'est vrai et dans ce cas, tout le système s'écroule comme un château de cartes. Tout repose sur cette doctrine particulière de Dieu.

Le concept calviniste de la souveraineté absolue de Dieu est interprété de telle façon que toute manifestation d'opposition de la part d'une créature constitue une menace pour cette souveraineté. Dès lors, par nécessité logique, la souveraineté absolue de Dieu rend impossible toute initiative humaine authentique. Bien que ce concept élimine le sens d'une communion réelle avec Dieu, il satisfait néanmoins le besoin de stabilité que recherchent les hommes. Les calvinistes sont généralement persuadés que ce qu'ils font et que ce qui leur arrive vient directement de la main de Dieu. Les actions des hommes ne doivent pas être imputées à la volonté *permissive* de Dieu, mais à sa volonté *gouvernante*. La seule liberté est celle d'accomplir la volonté de Dieu. Dieu peut porter les hommes à pécher, mais Dieu ne pèche pas pour autant. Dieu n'est soumis à aucune loi, si ce n'est la sienne. La volonté de Dieu est créative et causative, donc sa volonté le met dans l'obligation d'accomplir cette volonté. Par conséquent, rien de ce qu'il fait ne peut être appelé péché, parce que tout ce qu'il fait vient de la nature sainte qui lui est propre. Il s'ensuit que les concepts de justice de Dieu et de l'homme n'ont pas nécessairement de commune mesure. Le caractère de Dieu est impénétrable ; il n'est donc pas assujetti au jugement de l'homme et ne peut pas non plus être un modèle pour des concepts humains de justice, d'amour, de miséricorde ou de tout autre vertu.

William Shedd, érudit calviniste, a dit : " La doctrine de la prédestination est trop difficile pour les nouveaux convertis. Ne l'enseignez jamais à des ‹ bébés › en Christ. La doctrine de la prédestination est seulement pour les chrétiens avancés et solides[3] ".

Shedd révèle ailleurs sa position, à savoir que le credo a une valeur supérieure à celle de l'Écriture. Chaque fois qu'un verset de l'Écriture déclare que *tous les hommes* sont bénéficiaires du sacrifice expiatoire, il dit que cela signifie " tous les hommes élus ". Tous ces textes affirmant que Christ est mort pour le monde entier désignent un nombre spécifique, déterminé de personnes éparpillées dans le monde entier. Quand l'Écriture dit " quiconque veut " ou " tous ceux qui croient ", ceci veut dire : " ceux à qui la foi est donnée[4] ".

Voilà comment un concept de Dieu *à priori* conduit à un principe d'interprétation biblique qui, à son tour, détermine l'orientation théologique ainsi qu'une certaine compréhension du salut.

Cette théologie fataliste se traduit par un manque de zèle dans l'évangélisation. Soit aucun programme d'évangélisation n'est prévu (car offrir une invitation aux hommes serait mettre en doute la volonté souveraine de Dieu), soit l'appel est lancé avec la conviction que *seuls* les élus et *tous* les élus y répondront. Il manque souvent à une telle prédication l'appel chaleureux, émouvant, tendre, engageant du prédicateur qui, comme Paul, s'imposait toutes sortes de sacrifices en tant que messager de Christ, serviteur de tous afin de les gagner à son Seigneur (1 Cor. 9:16-22). Certains ultracalvinistes refusent de collaborer avec Billy Graham parce qu'il invite les hommes à venir à Christ, ce qui fait de lui un " arminien ". Rien n'illustre mieux la confusion de pensée engendrée par l'ignorance du fait historique.

Deux courants théologiques extrêmes, et opposés l'un à l'autre sur le plan théologique, découlent de l'ultracalvinisme. L'un est le courant orthodoxe qui vient d'être décrit. L'autre débouche sur des mouvements prétendument appelés néo-orthodoxes. Il ne s'agit pas ici de les décrire, mais nous pouvons quand même dire que l'orthodoxie est soit luthérienne soit calviniste. Nous noterons seulement deux ou trois caractéristiques significatives. Dieu est le Tout Autre, l'Inaccessible, l'Insondable qui prédestine tout mouvement de l'univers. La prédestination théologique, cependant, n'est pas sélective mais universelle. Le but de la prédication n'est pas de persuader les hommes à se tourner vers Christ, mais de les aider à réaliser que le pardon de Dieu concerne tous les hommes. Dans cette perspective, le salut est conçu hors du cadre de l'histoire et l'universalisme prévaut dans ce mode mythologique de penser.

De nombreuses formes de calvinisme se situent entre les interprétations classiques et contemporaines. L'interprétation de la sanctification dans chaque cas est cohérente par rapport à la philosophie qui structure l'approche théologique.

ARMINIANISME

Nous en avons assez dit dans cette étude sur Arminius pour le situer dans le courant théologique. Arminius lui-même était évangélique jusqu'au bout des ongles ; ses vues personnelles reprises par Wesley et d'autres ne présentent pas la plus petite trace d'hérésie théologique. Cependant, certains disciples d'Arminius se sont égarés dans le rationalisme pélagien. De cette façon, l'enseignement d'Arminius fut dénaturé et donna naissance à un libéralisme théologique qui exaltait l'homme et niait son besoin d'un sauveur. Il n'existe pas d'évangélisation dans le libéralisme, mais pour des raisons différentes de celles avancées par l'ultracalvinisme et la néo-orthodoxie. L'arminianisme libéral (et ici, le *isme* doit servir à différencier entre le libéralisme et Arminius) ne considère pas que les hommes sont esclaves du péché au point d'avoir besoin d'un sauveur. L'instruction et la correction des inégalités sociales permettent de racheter les hommes de leur fâcheuse position. Dans cette perspective, l'évangélisation est une tentative superficielle et irréaliste de résoudre les problèmes humains et elle est rejetée parce que totalement dépassée et hors de propos.

L'arminianisme évangélique est fondé sur les cinq points des Remontrants. Un arminien évangélique est quelqu'un qui croit que Dieu, en Christ, étend son amour à tous les hommes et que chacun est responsable personnellement de son attitude par rapport à cet amour.

Wesley répondit à la question " Qu'est-ce qu'un arminien ? " (dans un essai sous ce titre) en disant que les arminiens affirment la réalité du péché originel aussi fortement que les calvinistes, et qu'ils enseignent la justification par la foi. Ils soutiennent que Christ est mort pour tous les hommes, mais que les hommes peuvent résister à l'amour de Dieu, et que les croyants *peuvent* faire naufrage quant à leur foi. Les calvinistes croient que la prédestination est absolue ; les arminiens croient que le salut dépend de la foi en Jésus-Christ. Wesley était convaincu que de nombreux adversaires des arminiens ne comprenaient pas ce qu'ils combattaient. Wesley tenait à ce que le prédicateur chrétien, qui cherchait à interpréter les positions théologiques et qui recourait à des étiquettes théologiques, soit pourvu d'un bagage intellectuel approprié.

En fait, l'arminianisme est une réaction éthique contre les tendances antinomiennes du calvinisme. Si les hommes sont, dans tous les domaines, déterminés par la prédestination, les exigences morales de la sainteté n'ont aucun rapport avec la vie chrétienne[5].

WESLEYANISME

La plus importante contribution de John Wesley à la théologie a consisté à corriger une conception de la foi largement répandue, à développer et à appliquer cette doctrine à chaque domaine de la théologie et de la vie chrétienne.

Arminius avait libéré la foi du carcan des décrets, mais il restait à Wesley à prendre cette foi émancipée et à la mettre au cœur même de la religion. Dès lors, la justification par la foi soutenue par Luther aurait une vérité jumelle : la sanctification par la foi. Ceci apportait une nouvelle nuance de sens à la foi — une dimension éthique suggérée par le mot sanctification.

La foi de Wesley n'était pas seulement une affirmation intellectuelle ou un don supplémentaire de Dieu à l'élu, mais c'était une nouvelle façon de vivre, le couronnement d'un nouveau maître sur le trône.

Calvin avait mis l'accent sur la perfection de la foi. Wesley enseignait que le salut complet est la perfection de l'amour et de l'obéissance. La première de ces conceptions est statique ; la seconde est dynamique parce que la foi se traduit par la fidélité et les œuvres de l'amour. La foi n'est pas le but, mais elle est le moyen d'atteindre le but, celui-ci étant de restaurer l'amour de Dieu dans le cœur de l'homme (cf. le sermon de Wesley intitulé " La justice de la foi "). " Nous ne reconnaissons que la foi qui s'exprime par l'amour " (" Un appel ardent "). " La foi devient le moyen dont l'amour est le but " (" La Loi établie par la foi "). " Être chrétien veut dire avoir une foi qui agit par l'amour " (" Nature de l'enthousiasme ").

La foi n'est pas la cause du salut, mais la condition pour l'obtenir. Notre foi ne nous sauve pas, mais nous sommes sauvés uniquement par Christ en qui nous plaçons notre foi. Wesley soutient aussi que la foi ne peut être un substitut à la sanctification. La doctrine du salut par la foi ne doit entraîner aucun relâchement dans l'amour et l'obéissance. " Imaginer que la foi surpasse la sainteté est la quintessence de l'antinomisme[6] ".

Les bonnes œuvres sont la conséquence de la foi, mais ne peuvent la précéder (" Un appel supplémentaire "). En Europe

Occidentale, on a tendance à rejeter Wesley, jugé trop moraliste et à le trouver indigne d'un intérêt théologique sérieux. Bien que Wesley ait attaché de l'importance à la conduite, on ne peut pas vraiment dire que sa théologie était obscurcie ou niée par l'accent qu'il mettait sur l'expérience vécue, si on accepte de mettre en lumière le sens complet de son enseignement.

" Mais s'agit-il de la foi-assurance ou de la foi-adhésion ? ", interroge Wesley. Il répond qu'il n'existe aucune mention biblique d'une telle distinction. Il n'existe pas différentes sortes de foi, seulement une différence de degré. " Par cette foi, nous sommes sauvés, justifiés et sanctifiés, prenant ce mot dans son sens le plus noble " (*Sermons* — " La voie biblique du salut "). Autrement dit, quelle que soit la foi, c'est ce qui nous conduit d'un point à l'autre dans la voie du salut. Cesser d'exercer la foi revient à renoncer à toute position chrétienne. Persévérer dans la foi, c'est être conduit d'étapes en étapes vers la plus haute expérience de la grâce.

La foi, pour Wesley, était beaucoup plus qu'une simple croyance. L'accent mis sur la foi ne l'est pas sur la foi en elle-même, mais sur l'objet de notre foi. Croire en quelque chose est une conception statique. Cela n'implique pas nécessairement un changement dans l'action. Avoir foi en quelque chose implique une relation. Pour Wesley, la foi ne pouvait sauver personne, mais la foi en Christ le pouvait parce que, par elle, Christ devient l'objet central de notre amour et de notre obéissance.

Dans ces conditions, la foi a une signification éthique. Elle signifie une réorientation de notre vie de façon à plaire à Dieu. La foi en Dieu est de la plus grande importance parce que le péché a commencé au moment où la foi en lui a été abandonnée. Une vie de péché est la conséquence de la perte de la foi en Dieu, parce que le manque de foi tue l'amour. La foi évangélique est le fondement d'un nouvel amour et d'une nouvelle obéissance. Or, la sainteté est précisément l'amour et l'obéissance. La foi ne rend pas l'amour et l'obéissance superflus mais, au contraire, elle stimule la croissance de l'amour et de l'obéissance. La perfection chrétienne, ce sont l'amour et l'obéissance que la foi en Christ fait naître et développe.

John et Charles Wesley ont vécu environ 100 ans après la mort d'Arminius. Ils étaient confrontés à deux sources d'erreur religieuse en Grande-Bretagne. L'une provenait de l'arminianisme libéral, l'autre du calvinisme rigide et froid. Aucun de ces deux systèmes ne répondait aux besoins des cœurs affamés ou n'était à même de relever le défi posé par les maux sociaux qui minaient la force de la nation. Pour réfuter ces erreurs, les frères Wesley lancèrent un puissant appel inspiré de la Bible : (1) la nécessité d'une expérience personnelle de la grâce de Dieu qui transforme l'individu, grâce qui pardonne les péchés commis ; (2) la puissance purificatrice du Saint-Esprit pour effacer la tache du péché inné ; (3) une vie digne de Dieu vécue dans ce monde et répondant aux besoins d'une société détruite par l'égoïsme et l'avidité.

ARMINIANISME WESLEYEN

John Wesley découvrit les écrits d'Arminius et en fut profondément impressionné. Pendant de nombreuses années, il rédigea une revue appelée l'*Arminien*, dans laquelle la doctrine de la sainteté était proclamée. Cependant, Wesley développa la position théologique d'Arminius un peu plus que celui-ci ne l'avait fait. Arminius avait une haute conception de la sanctification, mais ne vit pas, comme Wesley parvint à le voir, que la sanctification est aussi reçue par la foi et est administrée par le Saint-Esprit. Le wesleyanisme est l'orthodoxie arminienne à laquelle on a ajouté la chaleur et la puissance du Saint-Esprit. Arminius avait vaguement discerné ce que Wesley comprenait clairement. Tous les deux étaient des hommes de la Parole, et tous deux étaient dominés par cette Parole. En cela, ils sont devenus nos vrais prédécesseurs. Ni l'un ni l'autre n'aurait toléré un mouvement appelé de leur nom. L'un comme l'autre, dans une perspective historique nouvelle, fonda sa théologie sur la Parole de Dieu et non sur la philosophie.

L'arminianisme wesleyen s'oppose au libéralisme de Pélage, car il insiste sur notre besoin de Christ, le Rédempteur, qui doit nous sauver du péché réel et inné. Il s'oppose aussi à l'antinomisme de l'ultracalvinisme par la doctrine de la délivrance de la tache de la corruption, et par la doctrine de la grâce qui rend l'homme capable de vivre sans pécher sciemment.

Wesley ne mettait pas l'accent sur le libre arbitre comme on le suppose si souvent[7], mais sur la libre grâce ou grâce prévenante, accordée à chacun et à tous, et qui est à l'origine de tout le bien trouvé dans le monde. L'homme naturel est diabolique, mauvais, totalement corrompu. Quelque bien qui puisse se trouver en l'homme, il ne s'y trouve que par la libre grâce de Dieu. L'homme est totalement corrompu et incapable de se tirer d'affaire tout seul. C'est la grâce qui est à l'origine de tout bien ou de toute capacité des hommes[8]. Même le chrétien, aussi fort qu'il puisse être, ne possède pas la bonté innée.

Le chrétien, expliquait Wesley, n'est pas comme un arbre qui vit de son propre système de racines. Il est plutôt une branche en Christ qui, si elle est retranchée de l'arbre, meurt puis est détruite. Christ est notre vie et notre justice. A tout moment, nous devons être couverts par le sang expiatoire de l'Agneau de Dieu[9]. La personne humaine reste humaine. Elle est, en fait, bien plus authentiquement humaine qu'avant d'être sauvée. Elle est faible, ignorante, faillible, sujette aux tentations. Elle a constamment besoin de la grâce renouvelée de Dieu, non pour réprimer son humanité, mais pour affermir son être intérieur par le Saint-Esprit.

Wesley ajouta un élément essentiel au point de vue arminien : l'œuvre du Saint-Esprit. Et cette force dynamique est ce qui constitue un élément nouveau et d'une portée considérable dans la théologie évangélique contemporaine. Les implications qui en découlent seront abordées dans la dernière partie de cette étude.

CHAPITRE 4

Influence de Wesley sur la théologie classique

NÉOCALVINISME (OU CALVINISME MODÉRÉ)

Sous l'impact biblique de l'enseignement d'Arminius et de Wesley, la doctrine de la prédestination individuelle commença à s'effriter dans la plupart des branches du calvinisme. Quand l'accent mis sur la doctrine du Saint-Esprit eut affaibli l'ensemble du système rigide du calvinisme, on accorda une importance nouvelle à l'évangélisation. A l'heure actuelle, des hommes tels que Wilbur Smith dans son livre *La parole de Dieu et la vie de sainteté* et Bernard Ramm dans son livre *Le témoignage du Saint-Esprit* donnent au mouvement calviniste la même dynamique évangélique qui inspire le wesleyanisme[1].

Nous avons vu que la doctrine de la prédestination individuelle conduit inévitablement et logiquement à la conclusion que les élus sont inconditionnellement assurés de leur salut pour le présent et pour l'éternité. L'assurance éternelle et inconditionnelle est la conclusion ultime de la logique du système. Elle ne peut être considérée isolément sans être soutenue par l'ensemble du système des décrets.

Mais, curieusement, certains calvinistes ne retiennent que deux des cinq points (et ignorent, voire rejettent, les autres) à savoir, (1) la corruption humaine absolue et (2) l'assurance éternelle et inconditionnelle du croyant. On entend généralement par là qu'une personne ayant une fois mis sa confiance en Christ ou ayant " accepté Christ " (expression qui ne se trouve pas dans la Bible) ne peut jamais être perdue quoi qu'elle puisse faire par la suite.

Étant donné que nous essayons d'analyser la structure théologique qui sous-tend les divergences entre les calvinistes et les wesleyens, il est très intéressant de constater qu'un changement subtil s'est produit dans le calvinisme. Les calvinistes modérés pensent que ce n'est pas le décret éternel de Dieu qui délimite et assure le salut, mais que c'est l'acte de foi momentané, posé une fois par l'homme lui-même qui devient la base de son assurance et de sa sécurité. En tant que pécheur, il est libre de choisir ou de rejeter Christ, mais en tant que chrétien il perd la possibilité de faire un choix contraire. En tant que pécheur, il est moralement responsable d'obéir ; mais quand il devient chrétien, Dieu ne condamne plus son péché, mais le lui pardonne et ferme les yeux. Donald Barnhouse déclare que la fidélité n'est même pas nécessaire après ce seul instant de foi qui change notre relation avec Dieu pour l'éternité. L'obéissance est classée parmi les œuvres et, à ce titre, est comme " un vêtement souillé[2] ".

Dans un article intitulé " La justification ", George E. Ladd a écrit :

> Christ a pris notre enfer, il ne reste que le ciel. Christ a payé ma dette ; Dieu ne la réclamera donc pas une deuxième fois. Tous nos péchés passés, présents et futurs sont couverts. Nous n'avons rien à craindre, nous ne pouvons être perdus. Quand un homme a accepté l'œuvre de Christ sur la croix et a manifesté une foi solide, *le jugement futur a déjà eu lieu* pour lui. ... Cela n'est pas la restauration à l'innocence. ... La justification nous libère non seulement de notre culpabilité des années précédant notre conversion à Christ, mais aussi de celle de toute notre vie jusqu'au jour du jugement. L'homme de foi ne passera pas en jugement. ... C'est comme si nous étions déjà entrés au ciel[3].

Barnhouse ajoute encore : " Une fois acceptée la merveilleuse vérité que Dieu ne peut se renier lui-même, que nous sommes sauvés et à l'abri en Christ, et que Dieu lui-même ne peut nous enlever à Christ, alors commence la vraie sainteté[4] ". Wesley était particulièrement troublé par toute philosophie religieuse qui faisait passer l'homme directement du péché au ciel sans aucune sainteté s'interposant à mi-chemin entre ces deux étapes. Cependant, un certain calvinisme modéré s'enracine dans une philosophie qui rend ce saut de la conversion au ciel non seulement possible, mais inévitable.

Les chrétiens calvinistes mènent généralement une vie chrétienne meilleure que leur théologie et font souvent honte aux chrétiens wesleyens par la profondeur de leur vie spirituelle, et par leur témoignage fervent, consacré et dynamique pour Christ. Il n'en demeure pas moins vrai que croire en une nature humaine corrompue qui ne peut être changée ici-bas, ainsi que dans l'assurance éternelle et inconditionnelle tend à déposséder les chrétiens de la victoire spirituelle qui est possible d'après l'enseignement de la Bible.

CALVINISME WESLEYEN

L'influence de Wesley sur la religion et la théologie fut vraiment profonde. L'importance qu'il accordait au travail du Saint-Esprit ainsi que le zèle évangélique qui accompagnait ses réveils suscitèrent partout une soif dans les cœurs des chrétiens. On a reconnu que le courant de vitalité spirituelle qui découlait des réveils wesleyens est à l'origine des mouvements missionnaires modernes. Un certain calvinisme a été profondément vivifié par la dynamique spirituelle de l'insistance de Wesley.

Nous avons parlé d'un calvinisme wesleyen et d'un wesleyanisme calviniste. Il n'existe pas de mouvements connus sous ces noms, évidemment, mais il y a des mouvements qui en ont les caractéristiques, et c'est là que se trouvent les tensions entre sainteté et prédestination, que nous devons reconnaître.

Mariage d'idées

Le calvinisme wesleyen résulte du mélange de la doctrine calviniste de la corruption humaine et de la sécurité éternelle et inconditionnelle avec la doctrine wesleyenne de l'œuvre du Saint-Esprit. L'enseignement de Wesley à propos de la victoire sur le péché et de la puissance dynamique pour le service chrétien fusionne avec la conception de Calvin sur la nature humaine, selon laquelle, celle-ci est en antagonisme avec la grâce et ne peut pas être réformée ici-bas.

Ce mariage d'idées, bizarre, illogique et forcé donne naissance à une théologie étrange et déroutante. Cette théologie enseigne que la nature humaine ne peut être changée ici-bas, mais qu'elle peut être contrôlée, non par l'homme lui-même, mais par le Saint-Esprit. Le croyant a le choix entre : céder, soit à son être naturel, soit au Saint-Esprit. Cette alternative permet d'envisager au moins deux niveaux distincts de vie chrétienne. Tous les deux sont présumés être cohérents par rapport à la position chrétienne. Le Saint-Esprit livre un combat à la chair, c'est-à-dire à la nature humaine, qui dure toute la vie et ce combat est l'insigne, le sceau, la marque de l'appartenance à la chrétienté. La lutte intérieure est une sorte de preuve de la présence du Saint-Esprit.

D'après cette théorie, la nature humaine est conçue comme un ennemi à vaincre. Toute activité et désir qu'elle entraîne sont donc suspects. Toute action est empreinte de mal inconsciemment. Il serait présomptueux de prétendre avoir une motivation juste, car personne ne peut se connaître soi-même. Le Saint-Esprit règne comme un maître d'esclaves sur la nature humaine, il en réprime les manifestations et déploie sa puissance pour le service chrétien, non pas en se servant de la nature humaine, mais malgré elle.

Le calvinisme influencé par la doctrine wesleyenne du Saint-Esprit, et que nous appelons le calvinisme wesleyen, parle de s'abandonner au Saint-Esprit ou d'être possédé par le Saint-Esprit. L'abandon a une connotation qui n'est pas biblique hors du cadre de l'intendance chrétienne active. L'abandon selon la Bible ne consiste pas à retirer ses mains, mais à les présenter à Dieu afin qu'il leur donne une pleine mesure d'obéissance active et responsable.

Le calvinisme wesleyen accentue généralement peu la *crise* liée à l'abandon et parle davantage de l'*attitude* qu'il suppose, qui peut ou non gagner en profondeur et en maturité au fil du temps. On ne souligne généralement cet abandon que comme une aide pour mener une vie de service victorieuse. Il n'est pas essentiel au salut, car rien ne peut changer l'assurance éternelle du croyant. Être " possédé " (du Saint-Esprit) est également un terme non biblique, dangereux, car il suggère un retrait du moi de la personnalité, dont la place doit être prise par un autre moi, le Saint-Esprit. On peut saisir sans difficulté la nature malsaine d'une telle conception.

Une analyse plus détaillée de la conception calviniste wesleyenne de la nature humaine sera abordée dans le dernier chapitre de cette étude, mais, à ce stade, quelques points clés devraient faciliter la compréhension. La conception calviniste d'une nature humaine pécheresse est fondamentale pour le calviniste wesleyen. Leo George Cox déclare dans son livre *Conception de la perfection chez John Wesley* :

> On peut conclure sans risque que, d'un point de vue réformé, tous les actes d'un pécheur sont des péchés, car ils proviennent d'un cœur mauvais et, puisque le croyant conserve une nature pécheresse, tous ses actes sont empreints de péché : c'est pourquoi il pèche. Il semble que l'on ne puisse dire en aucune manière que l'homme cesse de pécher quand il croit[5].

" Dieu ne peut améliorer la nature humaine ", dit Barnhouse. Le calviniste wesleyen ajoute à cette conception d'une nature humaine pécheresse celle, bibliquement fondée, d'une victoire spirituelle grâce à la présence de Christ demeurant dans le cœur, et à l'œuvre du Saint-Esprit.

Le Saint-Esprit et la nature humaine

La vie remplie du Saint-Esprit *se superpose* à la vie du pécheur racheté. C'est une vie qui se déroule en nous-mêmes mais qui, d'une certaine manière, est extérieure à notre vrai moi. C'est une vie de victoire qui met de côté nos facultés auxquelles se substitue, en principe, mais pas en pratique, l'obéissance active de Christ. " La robe de la droiture du croyant a été tissée par Christ. L'obéissance parfaite du Fils de l'Homme est portée au crédit de ceux qui ont foi en lui[6] ".

Le calvinisme wesleyen parvient à concilier la nature humaine pécheresse de l'homme et la victoire en Christ en développant une conception de la nature humaine qui n'est ni tout à fait calviniste ni tout à fait wesleyenne. C'est une conception qui s'est introduite dans l'Église à diverses époques, mais qui a toujours été rejetée par les chrétiens se rattachant au courant de l'orthodoxie générale. Elle est à l'origine d'un certain nombre d'hérésies dans l'Église, l'une d'elles concernant la christologie.

La source de cette conception est le gnosticisme qui est un mélange d'idéologies incluant des éléments de la philosophie grecque. Il est dérivé, probablement, d'une conception platonicienne de la réalité. D'après celle-ci, la nature humaine est composée de trois entités distinctes et indépendantes : l'esprit, l'âme et le corps. Chacune d'entre elles dispose d'une volonté, d'un caractère, d'une relation propres, indépendants du reste de la personne. Selon cette vue, le corps est considéré comme essentiellement mauvais et l'esprit, pour le moins, susceptible de pureté. Le corps est l'ennemi de la nature spirituelle, dont il est, en fait, la prison. Tant que l'esprit et le corps restent ensemble, l'esprit sera limité et entravé par le corps mauvais. Seule la mort peut délivrer l'esprit de sa prison pécheresse.

Il est intéressant de savoir que ce type de dualisme sévissait dans les églises de l'époque néo-testamentaire auxquelles Paul écrivait. Les épîtres aux Thessaloniciens et aux Corinthiens nous rendent compte des problèmes éthiques que posait cette croyance. Ces chrétiens grecs supposaient qu'ils pouvaient être sauvés dans leur esprit, mais que leurs corps ne pouvaient pas être délivrés du péché. Ainsi les péchés du corps étaient admis dans leur vie et parmi les chrétiens sans que cela entraîne une conviction de péché. La fornication, qui était le grand péché culturel des Grecs, se propageait dans la communauté chrétienne à cause de cette philosophie selon laquelle les actions du corps n'avaient aucune relation avec la vie spirituelle. Le corps ne pouvait contaminer la pureté de l'esprit et celui-ci ne pouvait réformer le corps.

Si nous comprenons ce problème de fond, nous pouvons

mieux saisir le sens profond de passages tels que 1 Thessaloniciens 5:23 : " Que tout votre être, l'esprit, l'âme et le corps, soit conservé sans reproche ". Paul n'enseignait pas que l'homme est composé de ces éléments épars de personnalité. Il expliquait que la grâce de Dieu purifie la personnalité humaine tout entière. L'être humain est un *tout* et la grâce de Dieu rassemble de façon cohérente toutes les composantes de l'être autour de la seigneurie du Christ. Paul se servait du langage de la philosophie grecque avec ceux qui pensaient de cette manière, mais par son utilisation des termes mêmes de cette philosophie païenne, il la réduisait à néant.

La philosophie de Paul n'était pas païenne mais hébraïque. L'importance qu'accordait Paul à la sainteté du corps était significative si l'on tient compte de l'erreur philosophique de la pensée grecque.

La doctrine calviniste affirme la nature pécheresse incurable de l'être tout entier. Un tel calvinisme a toujours rejeté une conception trichotomique de la nature humaine. Or, selon les vues du vrai calvinisme, le salut s'applique à l'homme pécheur tout entier qui est couvert par la robe blanche de la justice de Christ. Mais selon le point de vue que nous avons appelé wesleyanisme calviniste, un conflit au sein de la personnalité est considéré comme normal, étant donné la manière dont la personnalité est conçue. L'esprit peut être sauvé, mais pas le corps ou la nature. Ainsi, on peut parler de victoire et en faire l'expérience, sans toutefois être délivré du péché. Cette conception sera expliquée d'une façon plus détaillée dans le dernier chapitre de cette étude.

WESLEYANISME CALVINISTE

Ce que nous appelons le wesleyanisme calviniste est un mouvement qui, au sein des groupes enseignant la sainteté, tend à établir un lien entre une conception calviniste de la nature humaine et celle de l'éradication de la nature charnelle. Le calvinisme wesleyen insiste sur l'assujettissement de la nature humaine au Saint-Esprit parce que la nature humaine et la nature charnelle ne sont pas distinctes l'une de l'autre. Selon cette vue, la nature charnelle ne peut donc être éradiquée, puisqu'il s'agit de la nature humaine elle-même. D'autre part, le wesleyanisme calviniste croit en une sorte de nature humaine double, presque en deux entités ou composantes. La question qu'on pose souvent est : quelle est la différence entre la nature humaine et la nature charnelle " ? L'éradication consiste, alors, à *enlever* l'une des deux natures, c'est-à-dire la nature charnelle. C'est là où se pose le problème en ce qui concerne l'emploi du terme éradication.

A cause d'une conception erronée de la nature humaine, le ministère du Saint-Esprit n'est pas compris correctement. Le calvinisme wesleyen a tendance à surévaluer l'aspect *croissance,* ou l'assujettissement progressif de la nature charnelle. D'autre part, le wesleyanisme calviniste a tendance à trop accentuer l'aspect *crise* de la sanctification au détriment de l'aspect croissance. La conception de Wesley sur la nature humaine, plus biblique, lui permettait de lier les aspects *crise* et *croissance*, et de les maintenir ensemble en bonne harmonie.

Des théologiens wesleyens de la première heure illustrent ce que cela veut dire. Richard Watson insistait sur l'aspect *croissance* de la sanctification et entraîna par la suite certains théologiens wesleyens à négliger l'aspect *crise*. Par ailleurs, William Burt Pope et Adam Clarke accentuaient l'aspect *crise* de la sanctification et avaient tendance à négliger l'aspect croissance. Dans ce dernier cas, on ne distinguait pas clairement les conceptions calvinistes et wesleyennes du péché originel. C'est pourquoi, quand on enseignait que la libération totale de l'esclavage du péché était une *crise/expérience* décisive et que l'on employait le mot éradication pour la décrire, on risquait de penser que la nature humaine elle-même devenait en quelque sorte inaccessible au péché ou que la possibilité de pécher était éliminée. On n'enseignait pas suffisamment que les faiblesses et la faillibilité de la nature humaine demeurent après la sanctification. La place faite à la croissance, à la discipline, aux progrès et à l'importance de l'amour qui sont autant d'éléments essentiels à la vie de sanctification, était presque nulle.

> Le mouvement moderne de la sainteté tend à
> surévaluer l'aspect crise de la sanctification au
> détriment du processus de maturation. ... Deux
> erreurs sont couramment commises : (1) En
> employant le mot sanctification, on fait invariablement
> allusion à l'aspect crise de la sanctification
> chrétienne. (2) Le concept d'une sanctification
> progressive est ... limité à la période précédant
> l'expérience de la crise. Ce qui fait que l'entière
> sanctification a été conçue habituellement comme
> une étape ultime dont les résultats sont décevants[7].

Cet enseignement a tendance à rendre les chrétiens introspectifs. Ils sont généralement plus soucieux de préserver leur propre grâce que de vivre de façon créative. Ils considèrent la sainteté comme un acquis. Wesley critiquait fortement cette idée. Dans son livre *Clair exposé de la perfection chrétienne*, il insistait sur la nécessité de dépendre à chaque instant du sang purificateur de Christ. Il n'y a pas de sainteté possible pour l'homme en dehors de la présence de Christ. Il n'y a pas non plus de sainteté qui ne se manifeste pas par de l'amour et de bonnes œuvres. Une sainteté qui est obsédée par l'analyse de ses états d'âme, au point qu'elle n'a plus d'énergie à consacrer à un service chrétien désintéressé, n'est pas, selon Wesley, une vraie sainteté.

Crise et expérience sont des termes qui, employés à bon escient et bien compris, sont extrêmement importants pour la théologie wesleyenne. C'est précisément l'adaptation pratique des vérités théologiques à la vie humaine quotidienne qui marqua la contribution de Wesley à la religion. Toutefois, il nous faut à ce propos noter deux points importants.

Le premier est que *l'accent mis par Wesley sur la vie spirituelle et morale est basé sur une théologie solide.* L'ignorance de ce point a entraîné : (1) une attitude de négligence presque méprisante envers Wesley dans les cercles théologiques européens (On dit qu'il ne donnait aucun enseignement intellectuel, qu'il ne s'intéressait qu'à un moralisme superficiel et dénué d'intérêt) ; et (2) en Amérique, on avait tendance à ne retenir des œuvres de Wesley que son insistance sur l'expérience, ce qui a entraîné l'appauvrissement théologique du mouvement wesleyen.

Le deuxième point important est que *les mots crise et expérience peuvent perdre leur signification essentielle si, (et quand) on les assimile à de simples réactions psychologiques.* Il y a un grand danger à mettre au même niveau l'émotion et l'expérience, et/ou une réaction spécifique et une crise. Même lorsque la portée du mot crise se limite à un moment précis dans le temps, de nombreuses personnes détournent ce terme de sa signification vitale et cruciale, à savoir celle d'un changement de direction total et permanent, résultant d'une prise de décision ou d'un jugement. Le sentiment religieux suit le même parcours psychologique que les autres sentiments. La crise est essentiellement un engagement total pour la vie, pris avec ou sans émotion. L'expérience enfouit profondément cet engagement dans le centre du moi d'où surgissent les grandes questions de la vie.

Le wesleyanisme calviniste accentue exagérément l'expérience spéciale. Si la victoire chrétienne a fait défaut, on est enclin à rechercher une autre expérience qui rendra la tentation impossible. L'expérience, aussi valable soit-elle dans la vie chrétienne, prend la place, tout aussi valable, de la marche dans l'obéissance, de la croissance dans la grâce, et de tous les autres aspects d'une vie humaine disciplinée et croissant en Christ. On accorde une importance si grande à l'expérience subjective qu'il ne reste que peu ou pas d'énergie pour une évangélisation dynamique et un service missionnaire. Les congrégations partageant ce point de vue sont généralement petites, coupées des besoins spirituels de leurs communautés, parfois de leurs propres foyers, et elles critiquent souvent plus qu'il ne faut les manifestations extérieures de mondanité dans l'habillement et les loisirs. Elles oublient trop facilement que l'amour du prochain est aussi important que l'amour total pour Dieu.

On ne doit, en aucun cas, rendre Calvin ou Wesley responsable de cette situation anormale qui est plutôt une autre conséquence d'une tentative d'unification des vérités calvinistes et wesleyennes faite sans comprendre correctement leur signification profonde respective.

Calvin était extrêmement intéressé par l'impact social de l'Évangile, bien qu'il ne l'aie pas rattaché à la sainteté dans un sens théologique. Le plus grand souci de Wesley était les manifestations de l'amour qu'il rattachait essentiellement à la sainteté. Pour lui, une sainteté qui se séparait du monde n'était pas celle enseignée par la Bible. Wesley pensait qu'on ne pouvait dissocier l'amour et la sainteté, car l'amour pour Dieu et pour le prochain était précisément la sainteté. Celle-ci doit se manifester par les fruits de l'Esprit.

Résumé

Nous avons parlé de sectarisme théologique. Nous employons ce terme pour signifier toute vérité partielle érigée en vérité entière, ou tout accent exagéré mis sur un aspect d'une théologie au détriment des autres. Quand une conception philosophique de la souveraineté de Dieu devient la base d'un système théologique lié par la logique qui limite la responsabilité humaine, allant de ce fait au-delà de l'enseignement biblique et d'une conception saine de l'éthique, on est en présence d'un sectarisme. De même, quand l'humanisme devient la prémisse d'un système qui dispense l'homme de la nécessité absolue de la grâce divine, il en résulte un sectarisme théologique aussi grave.

Tout système de pensées humaines limité à une logique stricte conduit à des sectarismes intellectuels, car la logique est nécessairement sélective. C'est pourquoi, des points de vue non bibliques de la prédestination et de la sainteté s'excluent mutuellement. Nous disons bien des points de vue non bibliques, car ces deux concepts s'incluent dans des points de vue bibliques et toute théologie vraiment biblique doit en tenir compte.

DIVERGENCES DOCTRINALES A LA LUMIERE DE L'INTERPRÉTATION BIBLIQUE

Les problèmes théoriques qui ont été abordés ont des conséquences très pratiques. Il se peut toutefois que l'aspect théorique de nos divergences religieuses ne nous ait pas semblé important. Peut-être pensons-nous que nous ne sommes pas impliqués dans les divergences théoriques qui semblent être importantes pour d'autres. Il n'en demeure pas moins que lorsque nous ne partageons pas une compréhension commune de la manière de vivre notre foi, nous nous apercevons généralement que nous ne connaissions pas la nature de nos philosophies de base respectives ni l'importance de celles que nous ignorions, c'est-à-dire l'importance de nos présupposés de base.

Doctrine de Dieu et doctrine de la responsabilité humaine

Deux questions fondamentales apparaissent clairement. Elles se situent au point de rencontre entre les théories de la prédestination et de la sainteté. La première est un problème *théorique* qui soulève la question de savoir jusqu'où la responsabilité morale de l'homme peut aller sans porter atteinte à la souveraineté absolue de Dieu. Cette question est légitime. Si la souveraineté de Dieu est remise en question, l'ensemble de la structure de la foi chrétienne s'effondre. Donc, quelles que soient les conclusions logiques que l'on puisse tirer de la doctrine de la souveraineté absolue de Dieu, celles-ci doivent être acceptées sans hésitation, regret ou compromis. L'absolu de Dieu doit être maintenu quel que soit le coût en ce qui concerne l'autonomie morale de l'homme.

La deuxième question est *pratique*. Quelle est la limite de la responsabilité morale dont le Dieu souverain a doté les hommes qu'il a créés ? Dans quelle mesure les hommes sont-ils responsables ? Ceci détourne notre attention de préoccupations spéculatives vers des questions très pratiques. Il y a trois faits à considérer.

Le *premier* fait est d'ordre personnel. Tous les hommes savent spontanément qu'ils sont moralement responsables. Il y a des choix réels à faire, pas simplement fictifs, qui nous sont imposés par la conscience et qui ont des conséquences vitales sur la réalité de notre vie morale. L'existence même de l'intelligence atteste la réalité du pouvoir d'exercer des choix. Si l'on retire à l'homme sa responsabilité morale, cela entraîne l'éclatement de sa personnalité.

Le *deuxième* fait est d'ordre social. De toute évidence, si les hommes n'exercent pas un contrôle moral sur eux-mêmes et leur société, l'existence humaine est déstabilisée et sa survie menacée. Toutes les relations intelligentes entre les humains reposent sur l'hypothèse que tous les hommes sont moralement responsables. Les peines sanctionnant les infractions aux lois humaines sont basées sur cette hypothèse. Les jugements pratiques portés sur les hommes — bons, mauvais, honnêtes, insouciants, faibles, indifférents, nobles, etc. — sont basés sur cette hypothèse. La suppression de la responsabilité morale entraîne le chaos social. Il y a une structure morale que le libertin le plus vil admet. Ce n'est pas un critère qu'il souhaite appliquer à lui-même, mais un critère qu'il exige des autres. Toute philosophie qui exempte l'homme de sa responsabilité morale, pleine et entière, se détruit et détruit ceux qui l'adoptent. Le devoir du philosophe est d'attester, de justifier et de clarifier la réalité de la liberté morale et la nécessité de celle-ci au processus de maturité.

Le *troisième* fait concernant la responsabilité morale se pose à tout lecteur de la Bible. La Bible semble partout supposer que les hommes sont capables de choix justes, et obligés de les faire. Nulle part l'Écriture n'accorde à l'homme la moindre excuse pour le péché. La Bible semble savoir que les hommes sont pécheurs, faibles, ignorants, rebelles, mauvais, mais elle parle toujours de la grâce de Dieu qui fait que le péché n'est pas une chose inéluctable. " Là où le péché a abondé, la grâce a surabondé " (Romains 5:20). La Bible condamne *tout* péché sans réserve. Il n'y a pas deux mesures différentes permises, ni aucune théorie du salut qui laisse les hommes dans le péché, alors que Dieu les en considère comme affranchis. La Bible ne parle pas d'une théorie d'une nature double, qui excuserait une nature coupable coexistant avec la nature humaine. Si l'homme n'est plus moralement responsable, la Bible n'est plus qu'un verbiage intellectuel. Le devoir du théologien est d'en rendre compte et de faire les mises au point théologiques nécessaires.

Nous avons vu que les problèmes cités plus haut proviennent du mélange de deux manières différentes d'appréhender Dieu. L'une affirme que la volonté souveraine de Dieu ne peut tolérer une volonté contraire dans son univers, sinon cela détruirait la notion de souveraineté. L'autre fait remarquer qu'un Dieu souverain *garde* effectivement sa souveraineté même en présence d'autres volontés. On ne pourra certainement jamais trouver la réponse à ce dilemme dans la philosophie en tant que telle. Quant à nous, chrétiens, nous devrions nous assurer du bien fondé de nos présomptions à la lumière de la Parole de Dieu.

Présupposés humains

Cela soulève une autre question. Pouvons-nous lire la Bible objectivement ? Aucun d'entre nous n'est neutre intellectuellement. Nos préjugés personnels peuvent nous rendre aveugles à la vérité — et ils le font. Nous avons tendance à trouver dans la Bible, ou n'importe où dans la nature, ce que nous voulons trouver. Notre point de vue personnel fixé filtre certaines des vérités que nous entendons. En fait, nos préjugés agissent comme un filtre s'érigeant ainsi en juge de la vérité. Ou, pour prendre une autre image, l'ombre de notre propre sectarisme nous voile la vérité, et nous appréhendons les choses selon le modèle formé par nos préjugés.

Cela constituerait une barrière infranchissable pour accéder à la vérité si l'on ne tenait pas compte du fait que l'intelligence n'est pas un objet passif emprisonné et rendu statique par sa structure. L'intelligence de l'homme est dynamique — croissante, expansible, adaptative, discriminante, sélective, créatrice. Quand le moi fluctuant se laisse arrêter à un moment quelconque de son évolution au point de ne plus accepter de nouvelles vérités ni de se poser des questions sur son expérience passée, alors la personnalité commence à éclater. L'ensemble de la science moderne confirme la capacité de l'intelligence humaine à se remettre en question et à surmonter les chaînes des préjugés.

Pouvons-nous lire la Bible de façon objective ? Si nous ne le pouvons pas, nous devrions avoir honte de l'admettre. La Bible nous a été donnée justement pour remettre en question, critiquer et corriger des préjugés humains erronés sur des sujets spirituels et moraux. Certains d'entre nous ne trouvent que la souveraineté de Dieu dans l'Écriture, d'autres que la liberté de l'homme. Certains ne trouvent que la prédestination, d'autres que la sanctification. En réalité, toutes ces choses y sont.

La Bible ne nous donne jamais de réponses toutes faites, faciles et logiques aux grandes questions de la vie, car la vie n'est ni facile ni simple. Dieu est trop grand pour être enfermé dans de jolies formules théologiques préfabriquées. Dieu va au-delà de la logique humaine et nous devons inclure dans nos théologies *tout* ce que la Bible nous dit de lui. La Bible est la révélation. Elle ne prendra jamais *la défense* d'une théologie. Elle sera toujours le juge de nos théologies pour nous déranger quand nous devenons trop sûrs de nous, pour nous corriger et pour nous instruire dans les vérités concernant Dieu et notre relation avec lui.

Un scientifique ne peut devenir maître du monde naturel qu'en renonçant à ses idées puériles et toutes faites sur la nature, et en étant suffisamment humble pour devenir un étudiant. La nature reste inaccessible au savant qui refuse de se laisser instruire par elle. Dame Nature réclame d'abord et toujours à être servie avant d'accepter de se soumettre à la volonté du savant. Le même principe est valable pour la théologie et l'Écriture. Nous devons tous, calvinistes et wesleyens, faire attentivement et honnêtement la distinction entre la Parole de Dieu et les opinions et interprétations avec lesquelles nous l'abordons.

Bible et expérience humaine

Un des grands problèmes en théologie est la tendance à trop simplifier et intellectualiser la vérité chrétienne, à la réduire à des formules précises, cohérentes, logiques. Ce faisant, nous creusons un fossé entre la théologie et la vérité riche et variée, si nécessaire à la vie compliquée que nous menons. La Bible nous a été donnée *au sein de* l'expérience humaine. Il ne faut pas l'ôter de la vie.

La logique de Calvin satisfait l'intelligence, mais non le cœur, parce que la vie dans son ensemble transcende les systèmes logiques. Søren Kierkegaard, le philosophe danois, introduisit un correctif choquant à la théologie en faisant remarquer qu'il y a une tension caractéristique entre concept et conduite. Wesley était conscient de ce problème. Il tenait davantage à une base biblique saine qu'à une base simplement logique, bien qu'il fût un penseur très rationnel. Par exemple, pour Wesley, l'amour qui pousse les hommes à s'impliquer dans les relations humaines et les problèmes de la vie donnait un sens à la séparation d'avec le monde et le péché, exigée par la condition de chrétien L'amour ne peut être un amour réel s'il ne hait pas en même temps le mal et ne le rejette pas. Mais haïr le péché, sans la compensation de l'amour pour Dieu et pour son prochain, crée un vide moral qui risque de détruire la vie spirituelle. Pour Wesley, la sainteté n'était pas théorique, mais extrêmement pratique. La perfection chrétienne *va de pair* avec la finitude et la fragilité humaines.

Ces exemples de la complexité de la vérité chrétienne devraient nous aider à aborder les différences entre les traditions chrétiennes avec un esprit ouvert et bienveillant. Nous avons tracé les grandes lignes des différences de *principe* entre les théologies se rapportant à notre étude sur la sainteté. Il nous a semblé profitable de présenter dans la dernière partie de cette étude, certaines doctrines spécifiques qui nous divisent, et de les étudier d'un point de vue critique et biblique.

Il y a un ensemble de doctrines en rapport avec notre sujet qui soulèvent des polémiques entre calvinistes et wesleyens. Ce sont : la souveraineté de Dieu opposée à la liberté de l'homme, la volonté de Dieu et sa grâce, le péché de l'homme et la grâce de Dieu, le salut par décret divin ou par la foi, l'œuvre du Saint-Esprit, l'assurance éternelle et l'assurance chrétienne.

CHAPITRE 5

Problèmes théologiques posés par la doctrine de la prédestination individuelle

VOLONTÉ DE DIEU ET VOLONTÉ DE L'HOMME

Le problème le plus évident posé par la prédestination calviniste est celui de la volonté de Dieu par rapport à celle de l'homme. L'homme est-il moralement responsable ? Si oui, comment peut-on réellement dire que Dieu est absolument souverain ?

Ce n'est pas une question purement académique, c'est une question très réelle ; il y va de la nature de Dieu. La souveraineté totale de Dieu est la base de toute la théologie chrétienne. Toute théorie philosophique qui remet en question, ne serait-ce que timidement, cette souveraineté ne peut pas être admise. Chaque doctrine chrétienne dépend de cette doctrine. Même la doctrine du libre arbitre de l'homme n'a réellement aucun sens en dehors de la souveraineté de Dieu. Un Dieu qui est moins que souverain ne peut servir de support à la foi chrétienne.

D'autre part, comme nous l'avons vu, nier en quelque sens que ce soit la pleine responsabilité morale de l'homme pose de sérieux problèmes par rapport à la foi chrétienne. Nous avons vu que la prédestination individuelle est, à la fois, la *conséquence* d'une certaine théorie de la souveraineté de Dieu et la *défense* de cette doctrine. D'une part, Luther et Calvin développèrent la doctrine de la prédestination individuelle pour défendre la nature de Dieu contre les prétentions impies de l'Église Romaine qui assumait les prérogatives divines ; d'autre part, cette même doctrine de la prédestination devint le principe de l'interprétation biblique. Enfermée dans le cercle vicieux de ce raisonnement, la Bible ne peut parler pour elle-même. On sait d'avance ce qu'elle doit dire ou signifier avant que le livre ne soit ouvert.

Le concept augustinien de la souveraineté absolue de Dieu pose un problème en sotériologie. Si Dieu prédestine certains au salut, que devons-nous faire de tous les nombreux textes de l'Écriture qui semblent inviter *tous* les hommes à la source du salut ?

Le Dr H. Orton Wiley fut invité à une rencontre entre plusieurs hommes cultivés représentant diverses positions calvinistes, lui-même donnant le point de vue armino-wesleyen. Au cours de l'entretien, le Dr Wiley posa la question mentionnée plus haut et cita les références de nombreux textes de l'Écriture s'y rapportant. La réponse fut la suivante : " Nous interprétons ces passages en bons calvinistes[1] ".

En bon calviniste, le Dr William Shedd explique cette interprétation dans sa *Théologie dogmatique*. En étudiant la préposition anglaise *for* (pour) comme on l'employait au 17ème siècle en Angleterre et en faisant clairement la distinction entre expiation et rédemption, il peut dire que " Christ est mort pour tous les hommes " en termes de *valeur intrinsèque* de son acte, mais non en termes d'*intention* de son acte. La mort de Christ était parfaitement suffisante pour la rédemption de chacun et de tous, mais l'effet de la rédemption est réservée aux élus[2]. Autrement dit, le terme " quiconque " concerne seulement les élus. Dans son *étendue*, le sacrifice expiatoire de Christ est illimité, mais dans son effet, son application ou son intention, il est limité.

Les calvinistes modérés, tels que Henry Theissen prennent les invitations bibliques au sérieux et attribuent l'élection de certains hommes au salut à la prescience de Dieu.

Sanctification et doctrine de Dieu

Notre concept de la sanctification, dans son rapport avec la rédemption, sera déterminé en grande partie par notre concept de Dieu et de son intention en ce qui concerne la rédemption. Si Dieu nous sauve seulement à cause de sa volonté sélective, et si le salut d'un homme est irrésistible si c'est l'intention de Dieu de le sauver, la sanctification est, soit la conséquence inévitable de l'élection, soit quelque chose de réservé aux élus qui l'obtiennent après la mort. Si l'on respecte réellement l'idée de la responsabilité morale de l'homme, alors la sanctification est une question de première importance pour le chrétien. Tel est l'enjeu de notre concept initial de Dieu.

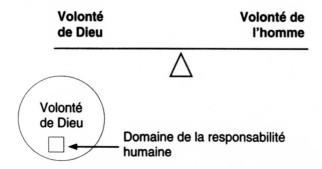

Wesley était très conscient de ce problème. Il rédigea un essai particulièrement bien étayé ayant comme thème " Pensées sur la souveraineté de Dieu[3] ". Wesley nous rappelle d'abord que notre concept de Dieu étant la base de toute notre théologie, il doit provenir de l'Écriture et non de la philosophie. Il pensait que l'erreur relative à la prédestination était due à une conception erronée de Dieu, ou à une vue tronquée de Dieu, ou à une accentuation indue de la volonté souveraine de Dieu seulement. Wesley disait que Dieu s'était révélé sous un double aspect : comme Créateur et comme Gouverneur. Les deux aspects sont différents, mais en aucune manière incompatibles. Il déclare à ce propos :

> **On ne parlera jamais de la souveraineté de Dieu sans parler aussi de ses autres attributs, car l'Écriture ne parle nulle part de ce seul attribut comme étant distinct des autres. Elle ne parle pas davantage d'une souveraineté de Dieu disposant exclusivement du destin éternel des hommes. Non, non, pour cette redoutable tâche, Dieu agit selon les règles connues de sa justice et de sa miséricorde.**

Pour Wesley, la souveraineté de Dieu n'est jamais au-dessus de sa justice. En tant que Créateur, Dieu a agi selon sa volonté souveraine. On ne peut faire intervenir la justice de Dieu dans la création. Dieu commença la création au moment qu'il avait choisi. " Il détermina la durée de l'univers, le nombre des étoiles, les êtres animés et inanimés de la terre, la nature de l'homme, l'heure et l'endroit de la naissance de chaque personne, l'état de santé de chacun, la culture dans laquelle chacun d'entre nous naîtrait ". (Peu d'entre nous suivraient Wesley aussi loin sur ce point, dans son désir de suivre Calvin!)

Mais, dit Wesley, " nous devons absolument soutenir que Dieu récompense ceux qui le cherchent ". De même qu'il ne récompense pas le soleil de briller, ainsi il ne pourrait pas non plus nous récompenser de laisser briller notre lumière si nous le faisions de manière aussi inéluctable que le soleil.

Wesley ajoute que chaque fois que Dieu agit en tant que gouverneur, ou en tant que rémunérateur, il n'agit pas en tant que créateur. Si Dieu est le juge des hommes, il doit agir selon la justice et non en Souverain sur des sujets incapables d'agir librement. " Il ne punira personne d'avoir fait quelque chose qu'il n'avait pas le moyen d'éviter ". En maintenant ces deux aspects en équilibre, créateur et gouverneur, " nous donnons à Dieu toute la gloire de sa grâce souveraine sans porter atteinte à son inviolable justice ". Quoi que nous puissions penser des théories scientifiques de Wesley, sa manière de percevoir la distinction entre le Dieu créateur et le Dieu gouverneur est valable et utile.

Solution suggérée

Si la souveraineté de Dieu et la volonté de l'homme nous posent un problème, cela vient probablement du fait que nous pensons que la volonté de l'homme s'oppose à celle de Dieu, qu'elle Le défie au point de constituer une menace à sa volonté et à son but dans la création. Aucun chrétien évangélique ne tolèrerait une pareille idée. Cependant, l'entière souveraineté de Dieu et la responsabilité morale authentique de l'homme doivent toutes deux être prises en compte et incluses dans un système qui ne nécessite pas de raisonnement absurde pour en rendre compte. Pouvons-nous tenter de suggérer une solution sous forme d'illustration ?

Le concept insatisfaisant de la liberté de l'homme par rapport à la souveraineté de Dieu pourrait être comparé à un système de balance dont le point d'équilibre serait atteint par le jeu des poids.

Vue sous cet angle, la volonté de Dieu est contrecarrée par la volonté de l'homme, ou la volonté de l'homme est contrecarrée par celle de Dieu. Dans les deux cas, l'un est vainqueur et l'autre vaincu.

Il semble plus conforme à l'enseignement biblique d'illustrer la relation existante par un grand cercle représentant la volonté souveraine de Dieu. Le petit carré à l'intérieur du cercle illustre la liberté réelle, bien que limitée, que Dieu a donnée à l'homme qu'il a créé. Dans son amour souverain, Dieu a créé des êtres moralement responsables. Mais la liberté de l'homme est strictement limitée par Dieu. C'est Dieu qui établit les lois. L'homme est réellement libre à l'intérieur des limites fixées par Dieu. L'homme vit dans un environnement où Dieu est le maître. Dieu contrôle la nature, l'univers, le cours principal de l'histoire. L'ordre naturel est absolu (Dieu est Créateur). Mais derrière l'ordre naturel, il existe un ordre très différent, à savoir, l'ordre moral dont les lois sont des lois morales. Dieu a donné aux hommes le pouvoir de discerner les différences et la possibilité de prendre des décisions face à diverses alternatives. La volonté et la miséricorde de Dieu soutiennent la liberté morale dans l'homme. En fait, Dieu a fait l'homme de telle manière qu'il se trouve dans la nécessité constante de prendre de telles décisions. Il n'est pas libre de *ne pas* prendre constamment des décisions morales.

Mais les choix que l'homme est obligé de faire ne sont pas irresponsables. La liberté qui est la sienne est une liberté morale et non une liberté immorale. L'homme ne peut choisir le mal et récolter le bien, et il ne peut davantage établir ses propres lois pour la vie morale. Il ne peut imposer les modalités de son propre salut. Il doit choisir quelle servitude (ou quelles conséquences) il acceptera. Luther choqua ses auditeurs par sa célèbre formule : " Le chrétien est l'homme le plus libre de tous les hommes et il n'est soumis à personne. Mais le chrétien est le plus lié de tous les hommes et il est soumis à tous ". Josué s'écria : " Choisissez aujourd'hui qui vous voulez servir " (Josué 24:15). Jésus déclara que " nul ne peut servir deux maîtres " (Matthieu 6:24). Paul écrivit : " Ne savez-vous pas que si vous vous livrez à quelqu'un comme esclaves pour lui obéir, vous êtes esclaves de celui à qui vous obéissez, soit du péché qui conduit à la mort, soit de l'obéissance qui conduit à la justice ? " (Romains 6:16). Tout ceci définit les limites de la liberté de l'homme, et révèle les lois divines qui la régissent. Les hommes sont libres de choisir leur servitude, mais ils *ne* sont *pas* libres d'en choisir les conséquences.

Endurcissement du cœur

Selon les lois divines, choisir Dieu entraîne certaines conséquences dans la vie de l'individu : une croissance dans la spiritualité, dans la communion et dans la sensibilité au Saint-Esprit. Mais choisir de désobéir à Dieu émousse inévitablement la sensibilité au ministère du Saint-Esprit et entraîne un endurcissement du cœur. Lorsqu'on nous dit que Dieu a endurci le cœur des hommes, on fait référence à l'ordre moral institué par Dieu lui-même. Dieu ne viole pas les lois morales qu'il a établies.

Il y a une nette différence entre un cœur endurci contre Dieu pour ce qui concerne le salut personnel et un cœur endurci par Dieu en vue d'accomplir un événement particulier dans l'histoire. Si cette distinction est clairement établie, de nombreux problèmes d'interprétation disparaissent. Le cœur du Pharaon ne fut pas endurci par Dieu contre lui en ce qui concernait son salut, mais afin de permettre l'intervention d'un certain événement dans l'histoire du salut d'Israël.

Il faudrait aussi remarquer que toutes les références au choix de Dieu et à l'élection n'ont pas nécessairement un rapport avec le salut personnel. Les érudits calvinistes ne font pas cette importante distinction. Le Dr Nicole cite Jean 15:16 dans le " Débat sur l'élection divine[4] ". " Ce n'est pas vous qui m'avez choisi, mais moi, je vous ai choisis et je vous ai établis … ". Il interrompt délibérément cette citation à cet endroit. Les mots qui suivent disent clairement que le choix est lié à un type de service chrétien qui doit être caractéristique du travail des disciples après la venue du Saint-Esprit. Le Dr Nicole se réfère ensuite à Romains 9 à 11, mettant en relation ce qu'il appelle " la priorité de l'élection en vue de l'exécution de n'importe quelle tâche donnée " avec l'élection au salut. Arminius montra avec infiniment de prudence et d'érudition que cette interprétation n'était pas défendable.

Il faut faire preuve de beaucoup de prudence quand on se livre à l'exégèse biblique, afin d'éviter de donner une signification théologique incorrecte à un passage ou d'y trouver une notion théologique qui n'y est pas. Si ce conseil était suivi, de nombreux sectarismes théologiques disparaîtraient et la théologie y gagnerait dans toutes nos traditions confessionnelles.

VOLONTÉ ET GRÂCE DE DIEU

Le concept d'un Dieu absolument souverain pose un problème à la lumière du concept biblique de la grâce. Un concept de la souveraineté de Dieu non soumis à la Bible développe l'idée d'un Dieu asservi à sa propre volonté. Ce qu'il désire doit forcément s'accomplir. La définition de la grâce doit s'insérer à l'intérieur de ce cadre de pensée. Dans ces conditions, la grâce ne peut être que le pouvoir de Dieu qui fait s'accomplir sa volonté.

Ce point de vue a pour conséquence une conception de la personnalité humaine qui se situe en dessous du minimum fondamental qu'imposent la raison et l'intégrité morale, ainsi qu'en dessous de ce que la Bible attend de l'homme, s'agissant des exigences qu'elle a envers lui.

Conception d'Augustin sur la grâce

L'enseignement d'Augustin illustre très bien cette signification de la grâce. Il raisonnait ainsi : si Dieu voulait que tous les hommes fussent sauvés, aucun d'eux ne pourrait être perdu. La grâce est donc la puissance sélective de la volonté divine, puisque ce ne sont pas tous les hommes qui sont sauvés.

Ce concept oppose inévitablement un attribut de Dieu à un

autre. Par exemple, la grâce de Dieu se heurte à son amour. son amour s'étend à toute la création, mais sa grâce choisit et, ainsi, limite l'objet de son amour.

William Shedd défend l'idée que l'élection ne vient pas de l'amour de Dieu *(agape)* dont parle Jean 14:23, mais de sa bonté et de sa miséricorde divines *(chrestoteta* et *aptomian)* dont parle Romains 11:22. Cette double orientation de la nature divine pousse Shedd à dire, pour répondre à l'objection qu'on pourrait douter de la sincérité d'un Dieu qui offre un salut universel même à ceux qu'il ne sauvera pas, que :

> 1. Dieu, à cause de la compassion qui le caractérise, peut sincèrement désirer la conversion d'un pécheur … bien qu'il sache qu'elle ne se produira jamais … de la même manière qu'un parent désire le changement d'un enfant, mais sans pouvoir l'opérer.

> 2. Le décret de Dieu n'est pas toujours l'expression de son désir, mais parfois il lui est contraire. Dieu décréta le péché et cependant il l'interdit[5].

D'après Shedd, une partie de l'Écriture enseigne que Dieu désire avec bienveillance que tous les hommes se détournent du péché. Une autre partie, pour des raisons qui nous sont inconnues mais qui sont suffisantes pour Dieu, enseigne que, dans certains cas, il décide de ne pas satisfaire à son propre désir. Shedd dit qu'il n'y a rien de contradictoire dans tout cela parce qu'on retrouve une situation parallèle dans les actions humaines[6]. Dieu n'essaie jamais d'empêcher un homme de se tourner vers lui, mais il l'aide, en fait, par la grâce commune. Les élus et ceux qui ne le sont pas résistent à la grâce divine, mais " en cas d'élection, Dieu fait suivre la grâce commune qui a été repoussée, par la grâce régénératrice qui vient à bout de la résistance[7] ".

Grâce commune

La doctrine de la grâce commune fut formulée au 19ème siècle par Abraham Kuyper pour compléter la logique des doctrines caractéristiques du calvinisme telles que : souveraineté divine et élection, dépravation totale et autres. L'Église Chrétienne Réformée adopta ce concept en trois points : (1) Dieu est favorablement disposé à l'égard de tout homme ; (2) Dieu refrène le péché dans les individus et dans la société ; (3) ceux qui ne sont pas régénérés peuvent faire preuve de droiture civique. Tant de problèmes s'attachent à cette doctrine que les théologiens discutent ces questions sans fin. Un dialogue intéressant est en cours entre les interprétations faites par Corneille van Till dans son traité *De la grâce commune* et celles faites par James Daan dans son œuvre *Une théologie de la grâce,* concernant la nature de la grâce.

Concept de *Wesley sur la grâce*

Wesley croyait que la Bible enseignait un autre sens de la grâce provenant d'un autre concept de Dieu. En contraste avec le calvinisme qui mettait l'accent sur la *puissance* majestueuse de Dieu (il crée et sauve parce qu'il peut et désire le faire), et avec Arminius qui soulignait la *justice* de Dieu (il est non seulement bon mais juste à l'égard de tous), Wesley mettait l'accent sur l'*amour* de Dieu qui tient compte de tous ses attributs et les unifie en une personnalité complète. Les actions de Dieu ne sont pas le fait de sa volonté créatrice ni d'une nécessité interne quelconque, mais de son amour. La grâce de Dieu est l'amour de Dieu en action ; la grâce est l'expression de la liberté morale de Dieu.

La grâce est la manifestation majestueuse de l'immense amour de Dieu. La création est la révélation de l'amour de Dieu ; elle est donc la grâce. La grâce rend compte de tout ce qui fait l'homme. L'homme fraîchement sorti de la main de Dieu ne peut rien faire par lui-même sans le secours immédiat de la grâce de Dieu. C'est la libre grâce qui " forma l'homme de la poussière de la terre ", le fit à l'image de Dieu et lui donna le pouvoir de dominer. Cette même libre grâce continue de nous soutenir dans la vie, quelles que soient les forces humaines et la bonté qui puissent nous animer.

Nous avons vu précédemment que Wesley n'enseignait pas le libre arbitre dans l'homme mais la libre grâce en Dieu. La grâce est christocentrique, elle est la manifestation de la nature personnelle de

Dieu par l'intermédiaire de Christ. *Elle est profondément personnelle* ; ainsi il ne peut y avoir de distinction entre une grâce commune et une grâce qui sauve. Wiley le précisa succinctement dans son " Débat sur l'élection divine " en disant :

> Nous pensons qu'il n'y a pas de différence entre la nature de la grâce prévenante et celle de la grâce qui sauve, qu'il s'agit d'une seule et même nature. Par conséquent, nous ne faisons pas la distinction faite fréquemment par les calvinistes entre la grâce commune et celle qui sauve. Nous pensons qu'il y a fusion entre elles[8].

Au nom du même raisonnement logique, il faudrait remarquer qu'il ne peut y avoir aucune distinction entre la grâce qui justifie et celle qui sanctifie. Cela ne veut pas dire qu'il n'y a pas de différence entre la justification et la sanctification, mais les deux sont reliées d'une manière qui n'est pas toujours clairement enseignée. Parmi les professeurs qui enseignent la sanctification, tous ne sont pas vigilants à cet égard. Aucun prédicateur ou enseignant de la sainteté ne peut légitimement rejeter la distinction que font les calvinistes entre la grâce commune et la grâce salvatrice, si lui-même distingue la grâce salvatrice de la grâce sanctifiante. La Bible ne fait certainement pas de telles différences.

Puisque l'amour et la grâce sont des qualités de la personnalité de Dieu, la manifestation de ces qualités est la manifestation de Dieu lui-même. Il n'y a pas différentes sortes de grâce entraînant différents types de résultats. Il y a plutôt différentes sortes d'appropriation, de la part de l'homme, des bénéfices de la grâce. Cela expliquerait les différences au niveau de l'expérience chrétienne. La grâce n'est pas une *puissance* impersonnelle ou un *objet* que l'on reçoit. C'est Dieu lui-même qui se met à notre disposition. C'est la pleine mesure de son amour rédempteur qui nous est offert sans réserve. Mais les résultats de la grâce dans l'homme sont limités par ce qu'il saisit de Dieu. Chaque pas vers Dieu et chaque pas à l'intérieur du cercle de son amour demandent de notre part, à tout moment, la meilleure et la plus noble réponse que nous puissions faire. Ce sont des étapes sur la route de l'homme et non des dons différents que Dieu accorde.

* * *

GRÂCE DE DIEU ET PECHE DE L'HOMME

C'est sur ce point que l'antagonisme entre le calvinisme et l'arminianisme wesleyen atteint son comble. Si nous n'avions pas d'abord fait l'historique permettant de comprendre la façon dont chacune de ces traditions est arrivée à sa position, notre discussion se bornerait à des récriminations mutuelles. Mais, maintenant, nous devrions être capables de comparer les deux points de vue en comprenant bien le pourquoi des divergences qui existent.

Tous les chrétiens sont d'accord que l'homme fut créé à l'image de Dieu. Toutefois, les calvinistes pensent que cette image a été complètement détruite et a entraîné une déchéance complète et irrévocable de l'homme ici-bas, le rendant incapable d'un acte, d'une parole ou d'une pensée non souillés par cette corruption. Ils pensent que le péché est ancré si profondément dans la nature humaine qu'il ne peut être éradiqué chez le pécheur ni chez le saint. La grâce couvre le péché, mais ne peut y remédier.

Pour Wesley et ceux qui le suivent, l'image de Dieu est souillée de toutes parts, mais pas détruite, car si c'était le cas, l'homme serait dépossédé de son humanité. Mais Wesley pense que c'est uniquement par la libre grâce de Dieu que ce semblant d'humanité a été préservé. Sans la grâce, les hommes porteraient l'image du diable

Selon le calvinisme, c'est la grâce qui agit sur la volonté de l'homme avant qu'il ne le réalise et sans qu'il en ait conscience. La régénération précède toute foi et toute obéissance et s'applique aux élus seuls. Selon le wesleyanisme, " la grâce, ou l'amour de Dieu, qui est à l'origine de notre salut, est libre en tous et gratuite pour tous " (Sermon : *La libre grâce*). La grâce qui sauve commence par la grâce prévenante étendue à tous les hommes. Personne ne se trouve en " l'état naturel " (originel). La conscience elle-même est le fait de la grâce. " Aucun homme ne pèche parce qu'il n'a pas la grâce, mais parce qu'il ne se sert pas de la grâce qu'il a " (Sermon : *Travailler à notre propre salut).* Les païens ont une certaine mesure de grâce. *Le pouvoir de résister à la grâce vient de la grâce.* Le pouvoir de ne pas pécher vient de la grâce. " La sainteté commence avant la justification et la régénération par le pouvoir de la grâce " (Sermon : *Travailler à notre propre salut*).

Tous les hommes sont sous le couvert de la libre grâce de Dieu. Christ est mort pour *tous* les hommes (Luc 19:10 ; Matthieu 18:14 ; Jean 3:16-17 ; 2 Corinthiens 5:14-15 ; 1 Timothée 4:2-6 ; 1 Jean 2:2 ; 4:4 ; Hébreux 2:9). Il est vrai que les wesleyens et les calvinistes interprètent ces passages différemment ; la philosophie de base des premiers leur permettant de prendre ces déclarations bibliques à la lettre ; les deuxième, pour la même raison, étant obligés de suivre une exégèse prédéterminée. Dans le " Débat sur l'élection divine " auquel nous nous sommes déjà référés, le Dr Wiley a cité de nombreux passages semblables à ceux qui précèdent. Le Dr Henry ayant demandé : " Sur quels principes généraux les calvinistes se basent-ils pour répondre ? ", le Dr Nicole répondit : " Certains de ces versets indiquent seulement l'accomplissement de certaines conditions. ... Les gens qui remplissent réellement ces conditions ... ont été conduits par la grâce spécifique de Dieu qui, dans ce cas, est la grâce élective ". Pour défendre son interprétation, le Dr Nicole déclara simplement : " J'adhère de tout cœur à la position de Calvin[9] ".

Image de Dieu

Peut-être pourrions-nous faire une exégèse et un exposé plus solides sur le problème de la capacité de l'homme à coopérer avec la grâce de Dieu, si nous établissions la distinction, faite si soigneusement dans l'Écriture, entre " l'image de Dieu dans l'homme " et " l'homme fait à l'image de Dieu ".

Il est utile de constater que l'Écriture se réfère systématiquement à l'image de Dieu, non comme à quelque chose qui serait *dans* l'homme, mais comme à un modèle suivant lequel il serait fait. L'homme est ce qu'il est à cause de la façon dont il a été créé. S'il devait renoncer à une partie quelconque de lui-même, il ne serait plus homme.

A propos de " créés à l'image de Dieu ", Wiley déclare :

> Nous pouvons dire que l'homme a été doté de
> certains pouvoirs connus comme l'image naturelle ...
> qui n'a pas été effacée, qui est ineffaçable et existe
> dans tous les êtres humains[10].

> Cette ressemblance naturelle avec Dieu est
> inaliénable ... L'homme ne pourra jamais perdre,
> jusqu'à ce qu'il cesse d'être homme, ce premier
> élément de l'image divine. Saint Bernard disait fort
> bien qu'elle ne pouvait être détruite par le feu, même
> celui de l'enfer[11].

Le Nouveau Testament nous aide à clarifier les abstractions concernant le sens des mots " image de Dieu ". Il nous est dit que Christ *est* " l'image de Dieu " (2 Corinthiens 4:4 ; Colossiens 1:15 ; Hébreux 1:3). Nous pouvons conclure alors que Christ nous dit quelque chose sur nous-mêmes que nous ne pourrions savoir autrement. G. Campbell Morgan déclare : " Le titre de Fils de l'Homme que Jésus emploie constamment pour lui-même, souligne son identification avec l'humanité et suggère que la compréhension ultime de la nature humaine doit résulter de la connaissance qu'on a de lui-même[12] ". L'image à partir de laquelle nous sommes faits est précisément celle de Christ. Quand nous le regardons, nous voyons non seulement notre spiritualité potentielle, mais aussi notre responsabilité devant Dieu vis-à-vis de ce potentiel.

Sachant cela, nous pouvons comprendre la distinction que fait Wesley entre un homme fait à l'image de Dieu dans son image *naturelle* (nature spirituelle correspondant à celle de Dieu), l'homme fait à l'image de Dieu dans son image *politique* (capacité de gouverner) et, surtout, l'homme fait à l'image de Dieu dans son image morale (" justice et sainteté ", Éphésiens 4:24. Voir son sermon " Sur la chute de l'homme ").

C'est en ayant cela à l'esprit que Wiley définit l'image morale non pas, comme une possession, mais comme l'utilisation que fait l'homme des pouvoirs dont il a été doté au moment de sa création.

Cela nous permet de comprendre Romains 8:29 ; 2 Corinthiens 3:18 et Colossiens 3:10, où la ressemblance de l'homme à l'image de Christ est rattachée (1) à la prédestination (le chemin du salut est prédestiné) ; (2) à la consécration au Seigneur (" transformés en la même image de gloire en gloire ") ; et (3) à " l'homme nouveau " que nous devons revêtir. Les pouvoirs humains donnés par Dieu, dont nous nous servions autrefois pour détruire le moi servent maintenant à ce que " Christ soit formé en nous " (Galates 4:19).

Si donc nous ne pouvons rien perdre de cette humanité essentielle de l'homme et si tous ces pouvoirs essentiels sont la preuve du modèle de Christ suivant lequel nous sommes faits, alors il nous faut conclure que, quelle que soit la bassesse du péché auquel nous nous sommes livrés, nous avons l'impérieuse obligation morale d'utiliser notre pouvoir pour retourner à Dieu et lui obéir. Cela veut dire que le péché ne fait pas partie de la nature humaine. Il est étranger à nous ; c'est un parasite. Nous pouvons et devons renoncer à tout ce qui nous empêche de nous " conformer " à son image. Bien plus, nous pouvons le faire par la grâce de Dieu.

Si, demande Wesley, nous ne sommes pas sauvés du péché par la grâce de Dieu, de quoi alors sommes-nous sauvés ? Pourquoi Christ est-il mort ?

SALUT PAR DÉCRET OU PAR LA FOI ?

Un des plus grands désaccords entre le calvinisme et le wesleyanisme est le sens donné au mot foi dans la formule de la Réforme qui spécifie que " le salut ne s'obtient que par la foi seule ". C'est là où réside la différence essentielle entre la prédestination et la doctrine de la sanctification. La doctrine parallèle " par la grâce seule " est en réalité la cause du désaccord. Si le salut ne s'obtient que par la grâce seule, alors il ne peut s'obtenir par la foi seule. Mais cette tension initiale est masquée sous le couvert de la prédestination ou de l'élection individuelle. Le décret divin fait de la grâce la cause de la foi, mais ce faisant, la question est soulevée : Qu'est-ce que la foi évangélique ? Le calviniste considère le concept wesleyen de la foi comme une forme d'œuvre.

Le wesleyen considère que le concept calviniste de la foi par la grâce élective ne tient pas compte du concept biblique de la responsabilité morale.

Ces confusions devinrent si grandes que lorsque Wesley rejeta le salut par élection ou par décret divin, il fut accusé, même par ses amis, de prêcher le salut par les œuvres. Dans la pensée de beaucoup, le décret divin s'était, en fait, substitué au salut par la foi et par la grâce. L'esprit clairvoyant de Wesley était perplexe devant cette situation jusqu'à ce que, comme il le dit,

> Une pensée lui traversa l'esprit et résolut le problème sur-le-champ. Voilà la solution : ceux qui tiennent à l'idée que tout le monde est absolument prédestiné soit au salut soit à la perdition, ne voient pas de juste milieu entre le salut par les œuvres et le salut par les décrets absolus. Il s'ensuit que celui qui ne croit pas au salut par des décrets absolus ... affirme le salut par les œuvres[13].

Le salut par décret (prédestination) est, alors, en fait, opposé au salut par la foi ; ce qui révèle le défaut de conception de la foi chez les calvinistes.

Pour répondre à l'objection que la foi, non conditionnée par la prédestination, est une forme d'œuvre, Wiley répondit selon les termes d'Adam Clarke :

> La foi n'est-elle pas un don de Dieu ? Oui, en ce qui concerne la grâce qui l'engendre, mais la grâce ou le pouvoir de croire et l'acte de croire sont deux choses différentes. Sans la grâce ou le pouvoir de croire, aucun homme n'a pu ou ne peut croire ; mais avec ce pouvoir l'acte de la foi appartient à l'homme lui-même. Dieu ne peut jamais croire pour quelqu'un, pas plus qu'il ne peut se repentir à sa place ... *Le pouvoir de croire peut exister bien avant qu'on en fasse usage, sinon pourquoi sommes-nous confrontés, partout dans la Parole de Dieu, à des avertissements solennels et à des menaces contre ceux qui ne croient pas ? N'est-ce pas la preuve que*

> *ces personnes ont le pouvoir de croire, mais ne l'utilisent pas ?*[14] (les parties en italique sont de l'auteur du présent ouvrage.).

Wiley poursuit ainsi : " La loi de Dieu est inscrite dans nos esprits et dans nos cœurs — dans nos esprits afin que nous puissions la connaître, et dans nos cœurs afin que nous puissions l'aimer. C'est cette combinaison qui rend possible une vraie obéissance de la foi [15] ".

Wesley était fermement attaché à la Réforme et à la doctrine biblique du salut par la foi. La foi rend impossible le salut par décret ou le salut par les œuvres. Mais, selon Wesley, la foi biblique doit agir par l'amour[16]. C'est ici même que nous trouvons la différence radicale entre les concepts calvinistes et wesleyens du salut. La foi calviniste ne comprend aucun élément essentiel d'amour. La foi de Wesley (que nous considérons comme biblique) est si intimement liée à l'amour et à l'obéissance qu'elle ne peut subsister en dehors d'eux. La foi en tant que connaissance et la foi en tant que confiance ne peuvent être séparées et rester la foi biblique. La foi calviniste se situe au moment de la conversion et n'intervient pas dans la trame de la vie quotidienne. La foi biblique est une orientation radicale et nouvelle vers Dieu, qui sous-tend tous les moments de la vie chrétienne.

Leroy E. Lindsey dit que Wesley se garda, à la fois, du rationalisme pélagien et de l'antinomisme calviniste en considérant la foi comme une qualité plutôt que comme une entité.

> En tant qu'entité, la foi pourrait être réduite à un moment particulier ou à un mode d'être particulier. Cependant, ce n'est pas le cas. Il s'agit plutôt d'une qualité qui imprègne toute notre vie spirituelle, rendant possibles les expériences qui constituent la vie et leur donnant une signification. En ce sens, la foi, à n'importe quelle étape particulière de la vie ne différerait pas en nature, mais plutôt en degré, de celle qui est exercée à une autre étape de la vie. Le type de foi qui entraîne " la foi comptée comme justice " et qui conduit au salut de l'individu est de la

même essence que celle qui conduit le croyant à la sanctification[17].

De plus, la foi est la *condition* pour obtenir le salut, et non la *cause* du salut. Le calviniste dépouille la foi de toute signification en la rendant indépendante des actes personnels et moraux des hommes. Il semble que le calvinisme modéré n'évite pratiquement pas d'assimiler la foi aux œuvres, encore que cet acte de mérite soit limité seulement au moment de l'acceptation initiale de Christ. Pour Wesley, la foi était exactement l'opposé des œuvres. Elle consiste à renoncer à ses propres œuvres et à placer sa confiance absolue en Christ seul. Donc, ce type de foi est une marche nouvelle continue avec Christ caractérisée par l'obéissance et l'amour. Notre foi doit présenter les mêmes caractéristiques que la foi d'Abraham qui fut imputée à justice et qui se manifesta par l'obéissance (Hébreux 11:8 ; Romains 4:3).

Pour Wesley, la foi n'était pas une fin en elle-même, mais un moyen d'arriver à une fin, à savoir l'amour. Le tout de la religion est l'amour, pas seulement la foi pure et simple. Le début de la foi est le début de l'amour. Dans le calvinisme, c'est la foi qui est parfaite au moment de la justification. Dans le wesleyanisme, il existe des degrés de foi, allant de la foi très faible à la foi rendue parfaite. A mesure que la foi augmente, l'amour croît. Mais même une foi faible peut être la vraie foi. Nous devons progresser dans la foi de même que nous devons progresser dans l'amour. Wesley pouvait parler de la foi qui justifie et de la foi qui sanctifie. Il ne s'agit pas de deux sortes de foi, mais d'une foi jeune et d'une foi rendue parfaite par laquelle on reçoit la sanctification. Certaines fois sont faibles (foi d'un serviteur), d'autres sont solides (foi d'un fils), mais tous les degrés de la foi plaisent à Dieu et sauvent de la colère divine et de la culpabilité du péché.

« Croire » est toujours employé au présent progressif en grec, ce qui indique une responsabilité continue de la part du croyant pour persévérer dans la nouvelle « marche de la foi » qui inclut l'obéissance et l'amour (Jean 1:7 ; 3:16-17 ; Actes 13:39 ; Romains 10:9 ; Jean 20:3).

Il y a une relation réelle et nécessaire entre la foi et les bonnes œuvres qui peut s'établir sans que celles-ci soient la condition du salut. Le wesleyanisme n'enseigne pas que le salut vient partiellement de Dieu et partiellement de l'homme. La foi marque précisément la fin des efforts personnels. Mais c'est une confiance continue, caractérisée par un amour agissant et l'obéissance ; et elle est soumise à un développement infini.

Les différences fondamentales de conception de la grâce qui sauve, dues à des conceptions philosophiques essentielles divergentes conduisent à des différences pratiques en ce qui concerne la notion de sanctification. La foi accordée à certaines personnes choisies en vertu de la grâce souveraine, au nom des décrets divins, ne peut donner lieu à une conception dynamique de la sanctification. Elle produit une idée d'assurance éternelle et inconditionnelle, dénuée de toute notion éthique essentielle. Une foi qui comprend l'obéissance et l'amour, et qui est elle-même une réponse dynamique et continue à la grâce de Dieu, aboutit à l'engagement de l'homme tout entier dans un amour total pour Dieu et à un total engagement moral vis-à-vis des autres. Ceci est l'amour parfait, c'est-à-dire la sainteté.

CHAPITRE 6

Influence de la doctrine wesleyenne du Saint-Esprit sur la théologie

L'ŒUVRE DU SAINT-ESPRIT

L'étude qui précède nous aide à mieux comprendre l'antagonisme existant entre les concepts wesleyens et calvinistes modérés, à propos de la sanctification et de l'œuvre du Saint-Esprit dans le croyant chrétien. Nous n'avons ici le désir d'intensifier aucune polémique existante. Le fait est que certains calvinistes ont contribué à mettre un accent extrêmement positif sur la vie spirituelle. Les écrivains wesleyo-arminiens ont produit une littérature relativement peu importante sur le processus de maturité chrétienne. Les écrivains de Keswick, par exemple, ont comblé ce vide par une production très utile. Quoi qu'il en soit, il y a dans l'enseignement calviniste et dans celui de Keswick, des affirmations qui tendent à saper la dynamique biblique de la sanctification.

Une grande partie de l'enseignement wesleyo-arminien insiste sur l'aspect de crise ponctuelle de la sanctification au détriment de son aspect évolutif et des problèmes qu'elle pose, alors que l'enseignement de Keswick a tendance à mettre en valeur soit la dualité (distinction entre la nature et la grâce et le conflit les opposant) soit l'aspect croissance / évolution au détriment de l'aspect crise ponctuelle critique. Les deux groupes ont tendance à rejeter toute responsabilité sociale sérieuse et à préconiser de fréquentes retraites pour la vie spirituelle personnelle.

L'étude que nous allons faire sur le travail du Saint-Esprit dans le croyant, selon le mode de penser de chacun des groupes, permettra de comprendre l'importance de la polémique qui les oppose. Il ne devrait pas y avoir d'opposition théologique, car l'Écriture à laquelle tous deux sont attachés rassemble les deux aspects : crise ponctuelle et croissance évolutive, en un tout créatif, et encourage l'homme à s'engager profondément dans la vie. Notre travail consistera donc à examiner attentivement les présupposés de base qui sous-tendent ces points de vue respectifs et à les critiquer à la lumière de l'Écriture. Nous ne pouvons ici qu'esquisser les grandes lignes de ce travail.

Les divergences existant entre les deux traditions théologiques viennent d'une compréhension différente de la psychologie de la personnalité. En général, l'enseignant calviniste modéré et l'enseignant de Keswick considèrent que la nature humaine elle-même est si corrompue par le péché originel que toute pensée, parole et action humaine en sont inévitablement affectées, que l'on soit croyant ou non. Les péchés jaillissant de notre inconscient doivent être couverts par " la robe blanche de la justice du Christ ".

Les wesleyens avertis reconnaissent également les problèmes posés par l'inconscient (ou le subconscient). Wesley lui-même ne le contestait pas et disait que :

> " Les plus parfaits d'entre nous ont continuellement besoin des mérites du Christ même pour leurs transgressions réelles. ... Car Christ ne donne pas la vie à l'âme indépendamment de lui, mais en lui et avec lui. ... Notre perfection n'est pas comparable à celle d'un arbre qui prospère grâce à la sève provenant de ses propres racines, mais grâce à celle d'un sarment qui, uni au cep de la vigne, porte des fruits ; mais s'il en est retranché, il se dessèche et dépérit[1]. "

Nature humaine et vie de victoire

Les partisans de Wesley et ceux de Keswick attachent la même importance à une vie de victoire, mais la nature de cette victoire et ce sur quoi elle repose diffèrent selon le groupe, et on aboutit à des attentes assez distinctes en ce qui concerne le développement de la vie chrétienne. Les réponses émotionnelles individuelles varient énormément d'une personne à l'autre dans tous les groupes religieux et les réactions psychologiques à la vie ne sont pas uniquement déterminées par la position théologique que l'on adopte. Quoi qu'il en soit, ce que l'on pense de soi en tant qu'être humain, et de la grâce de Dieu, a des répercussions sur le genre de vie chrétienne que l'on attend et, donc, qu'on met en pratique. La présence du Saint-Esprit peut parfois, et même souvent, surprendre le chrétien par un mode de vie auquel il ne s'attendait absolument pas. Mais notre propre complexe théologique peut y faire obstacle et celui-ci se trouve quelquefois difficile à surmonter, car la foi qui y est nécessaire est paralysée par nos préjugés. Si nous croyons que nous devons être victimes du péché, notre conscience peut ne pas nous accuser et notre désir de sanctification disparaître.

Autrement dit, l'incitation à la sanctification doit être motivée par la conviction qu'elle est voulue par Dieu pour des humains faillibles. Comprendre la faculté d'adaptation du psychisme humain à la sanctification produite par le Saint-Esprit, et en allant plus loin, comprendre le besoin humain fondamental de cette sanctification qui, non seulement concorde avec la santé mentale et psychique mais est aussi le seul moyen de l'obtenir, c'est préparer la voie à expérimenter cette vie de victoire.

La conception que l'on a de la nature humaine et de la grâce de Dieu aura, alors, une répercussion directe sur le genre de vie chrétienne que l'on mène. On peut avoir une foi chrétienne objective, joyeuse, expansive, optimiste ou alors être trop préoccupé par l'aspect subjectif d'une expérience émotionnelle personnelle. Un tel retranchement introspectif ainsi qu'un tel retrait du monde vont généralement de pair avec une attitude plutôt pessimiste par rapport à la vie.

Une troisième possibilité, légèrement plus répandue, existe également : elle consiste à se dispenser de la responsabilité de la victoire spirituelle et du service chrétien dynamique en évoquant comme excuse le fait qu'aucun être humain ne peut vivre jusqu'au bout la vie de victoire qui est considérée comme un idéal.

Le calviniste modéré résout ce problème soit en divisant le moi en plusieurs entités, généralement la chair et l'esprit, affirmant qu'il existe un antagonisme de base entre ces derniers, soit en faisant une nette distinction dans l'expérience chrétienne entre l'abstraction exprimée par " en Christ " et le réalisme exprimé par " en nous-mêmes ". " En Christ, nous sommes purs et sans péché alors qu'en nous-mêmes nous restons impurs[2] ". Dans un cas comme dans l'autre, l'unité essentielle de la personnalité est ignorée ou niée. Le croyant chrétien n'est pas un tout, mais il est divisé jusqu'au plus profond de son être. Ceci est contestable non seulement d'un point de vue théologique, mais est également faux sur le plan psychologique.

Le calviniste modéré, y compris le calviniste wesleyen, attache réellement de l'importance à l'éthique chrétienne ainsi qu'à la victoire spirituelle et il met l'accent sur le rôle que joue le Saint-Esprit dans la lutte que livre le croyant contre sa propre nature pécheresse. Mais d'après ce point de vue, le Saint-Esprit ne purifie ni ne change le cœur. Au moment où le croyant s'abandonne au Saint-Esprit, il en est possédé, le Saint-Esprit *contrôlant, soumettant* et *supprimant* les manifestations de la nature humaine. Car, lorsque le Saint-Esprit nous possède, Christ règne et dompte la nature pécheresse. " Le début d'une vie de victoire et ce qui en constitue sa force, c'est que Christ est le vainqueur et que nous sommes vaincus par lui. Christ doit avoir la victoire sur nous et en nous[3] ".

Obéissance du Christ et justice de l'homme

On parle beaucoup de l'obéissance passive et active du Christ. Non seulement il paie de sa vie le prix de nos fautes passées, présentes et futures, mais en plus, nous sommes au bénéfice de sa vie d'obéissance active si bien que notre " manteau de justice souillé " est recouvert et remplacé par la justice personnelle de Christ.

Le thème de la substitution imprègne toute cette théologie. Il occupe une si grande place que celui de la purification par le sang du Christ est obscurci et que celui de la délivrance du péché est pratiquement nié. La substitution est une vérité biblique, mais son champ de significations réelles doit être déterminé exégétiquement, sinon elle risque de perdre son vrai sens ainsi que sa relation avec les autres vérités. Dans l'Écriture, il n'est jamais dit que la sanctification du caractère est transmissible d'une personne à l'autre, ce qui, de toute façon, est impossible. La mort du Christ est le substitut à notre châtiment et non à notre sanctification.

Une grande importance est accordée " à l'œuvre accomplie par le Christ sur le Calvaire ". Mais cette notion de substitution, exagérée et subjective entraîne une confusion concernant ce qui a été accompli. La justification et le caractère chrétien sont tous deux considérés comme faisant partie de l'œuvre accomplie pour nous par le Christ, si bien que notre justice personnelle et notre entière sanctification nous viennent inconditionnellement de lui. Autrement dit, non seulement notre justification est " en Christ ", mais sa propre obéissance personnelle devient *ma* justice personnelle, quelle que soit la vie que je mène en réalité ou les péchés que je commette.

L'emploi de termes et d'expressions tels que " se soumettre au Saint-Esprit ", " être possédé par le Saint-Esprit ", " la mort du moi ", " le transfert de la justice du Christ à notre profit ", " l'élimination de la nature pécheresse ", entre autres, révèle la faiblesse de ce point de vue. Ces termes font ressortir la relation particulièrement superficielle existant entre le Saint-Esprit et l'homme, ainsi qu'une approche psychologique inadéquate de la nature humaine. Curieusement, l'Écriture ne les emploie pas. Le Nouveau Testament ne parle pas d'*abandon* mais de présence ; il ne parle pas d'être possédé, mais d'être rempli ; il parle, non d'éliminer, mais de fortifier. Les concepts soutenant ces contrastes sont diamétralement opposés et basés sur des notions complètement différentes de la nature humaine et de la grâce.

Il est extrêmement significatif que le mot abandon, ou son équivalent, ne soit jamais employé dans le Nouveau Testament lorsqu'il mentionne la relation avec le Saint-Esprit. Il n'est jamais dit dans la Bible que les hommes sont possédés par le Saint-Esprit. Gédéon fut revêtu de l'Esprit du Seigneur (Juges 6:34). Les prophètes en furent revêtus de la même manière. Le Nouveau Testament est encore plus précis. Les hommes sont remplis, dirigés fortifiés puissamment par son Esprit dans leur être intérieur, etc., mais jamais possédés par le Saint-Esprit.

Curieusement, si on insiste trop sur le Saint-Esprit et que l'on néglige la personne centrale du Christ, on peut en arriver à perdre une notion convenable du Saint-esprit. L'œuvre du Saint-Esprit est de révéler le Christ, de renforcer ses revendications sur le cœur humain, d'amener les hommes à Christ, de le glorifier (Jean 14 : 16). Le Saint-Esprit est la lumière. Nous devons marcher dans la Lumière, et non pas la regarder. L'intérêt du Saint-Esprit est centré sur le Christ. Il ne faut jamais perdre de vue cette vérité si on ne veut pas retomber dans les fanatismes qui ont touché l'Église au cours de l'histoire.

Saint-Esprit et nature humaine

Le Saint-Esprit doit être honoré comme Dieu lui-même. Mais pour bien l'honorer, il faut lui obéir et marcher dans la lumière qu'il nous apporte. Wesley en était particulièrement conscient. Parmi les très nombreux termes qu'il employait pour parler de la pleine sanctification, il ne se servait jamais de celui de baptême du Saint-Esprit ou d'une expression similaire, pour éviter le risque de rechercher le Saint-Esprit afin d'obtenir un don ou une émotion particuliers, au lieu de rechercher le Christ et sa volonté. Les orientations éthiques de Wesley se manifestent en ce qu'il n'insiste pas sur les *dons* du Saint-Esprit, mais sur ses *fruits*. (Voir son sermon sur *First Fruits of the Spirit* (*Les premiers fruits de l'Esprit*). Le bon équilibre que fait l'Écriture entre l'œuvre du Père, du Fils et du Saint-Esprit doit être maintenu dans notre prédication et notre théologie.

Le Nouveau Testament n'enseigne pas l'élimination de la nature humaine. Celle-ci doit être consacrée, purifiée et disciplinée, mais, en aucun cas, supprimée. Il est beaucoup question du corps dans l'expérience chrétienne. " Offrez à Dieu vos membres comme des armes pour la justice. Le péché n'aura plus de pouvoir sur vous … " (Romains 6:13-14). " Je vous exhorte à offrir vos corps comme un sacrifice vivant, saint, agréable à Dieu " (Romains 12:1). " Votre corps est le temple du Saint-Esprit qui est en vous. … Glorifiez donc Dieu dans votre corps … " (1 Corinthiens 6:19-20). " Nous portons toujours avec nous dans notre corps la mort de Jésus, afin que la vie de Jésus se manifeste dans notre corps ... " (2 Corinthiens 4:10-11). " Maintenant comme toujours, Christ sera exalté dans mon corps ... " (Philippiens 1:20). Dans 1 Corinthiens 9:26-27, Paul parle d'assujettir son corps, mais il s'agit ici d'une analogie avec l'entraînement qu'un athlète impose à son corps afin de remporter la victoire (v. 25), et non d'une analogie avec un mystique qui essaie de s'affranchir des limites qui lui sont imposées par son corps physique.

L'éclatement de la personnalité n'est pas le signe de la plénitude du Saint-Esprit. Celle-ci se manifeste par un cœur aimant complètement Dieu, par une personnalité unifiée. Aucune partie du psychisme humain ne peut être laissée de côté. Les effets régénérateurs et purificateurs de la grâce divine pénètrent, pour le moins, au plus profond de notre cœur d'où " jaillissent les sources de la vie ".

Dieu veut que nous mettions à la disposition du Saint-Esprit notre être tout entier (1 Corinthiens 12). Il ne conquiert ni ne court-circuite notre moi. Il nous aide à faire du Christ notre Seigneur (1 Corinthiens 12:3) et alors, chacun d'entre nous, avec sa personnalité unique devient " un membre ou un organe " (v. 27) du corps du Christ et le Saint-Esprit se manifeste au travers de nous dans un but précis qu'il a lui-même choisi. Le passage si souvent cité pour prouver que Paul avait une conception trichotomique de la nature humaine est, en fait, un plaidoyer pour une personnalité unifiée. " Que Dieu ... vous sanctifie lui-même tout entier, que tout votre être, l'esprit, l'âme et le corps, soit conservé sans reproche ... " (1 Thessaloniciens 5:23). Paul insiste non pas sur les divisions de la personnalité comme le faisaient les Thessaloniciens, mais sur l'harmonie qu'apporte la sanctification.

Une des étapes à franchir pour parvenir à cette plénitude spirituelle est la mort à soi-même ou " le renoncement à soi-même " (Matthieu 16:24). Ce qui est un concept bien différent de la mort du moi dont parlent certains prédicateurs. " C'est la mort du moi en nous qui permet à Christ d'habiter en nous ", commente Cummings dans *The Victorious Life of Keswick* (*La vie victorieuse de Keswick*). Quel que soit le sens qu'il prête à ces mots, on a l'impression que le moi peut perdre sa place centrale dans la personnalité pour céder la place à un autre moi, ou qu'il peut même cesser d'exister. Un tel littéralisme a tendance à affaiblir le sens de la responsabilité personnelle qui est absolument essentiel à un bon équilibre mental et au caractère moral. La personnalité *est* le moi. Si on le supprime, il ne reste rien de la personnalité.

Le moi et toutes ses énergies ayant été rachetés, fort de son autoconscience et de son autodétermination, doit s'offrir à Dieu, non passivement mais " en vivant sacrifice ". L'idée wesleyenne de la purification *diffère* de celle de F. B. Meyer qui dit que la nature humaine est *purifiée du moi*. Le Nouveau Testament enseigne que c'est le moi lui-même qui est débarrassé de son irrésolution (Jacques 1:8) et du péché (1 Jean 1:9).

Le moi, en tant que tel, n'est pas le péché, mais il peut pécher. Nous ne pouvons pas être purifié du moi, mais le moi peut être purifié de son inimitié contre Dieu. Le moi ne peut abdiquer son autonomie morale ni sa qualité de moi. Il ne peut être supprimé. Essayer de le faire quand même revient à toucher à l'équilibre délicat de la personnalité créée par Dieu, ce qui entraînerait un désastre moral et mental. Mais le moi peut être " puissamment fortifié par l'Esprit de Dieu dans l'homme intérieur, afin que le Christ habite dans nos cœurs par la foi " (Éphésiens 3:16-17).

Le point central et capital de cette étude est mis en lumière quand on aborde une autre faiblesse de la position calviniste wesleyenne, à savoir l'idée d'un transfert du caractère du Christ au croyant, c'est-à-dire que la justice du Christ peut être substituée à la mienne ou que son obéissance sera acceptée par Dieu à la place de la mienne. En dépit des innombrables déclarations faites à ce sujet, il est peu probable qu'un théologien digne de ce nom croie cela littéralement. La justice et le caractère ne sont pas des choses transmissibles d'une personne à une autre. Ce sont des attributs du moi qui ne peuvent ni provenir d'un autre ni être partagés par un autre. Le caractère, nous l'avons déjà dit, *est le moi* en contact dynamique avec la vie et Dieu.

L'unique raison d'être possible de cette théorie du transfert de caractère est (1) de préserver la vérité biblique selon laquelle personne ne peut se prévaloir de ses qualités personnelles devant Dieu ; (2) d'affirmer que Dieu seul est la source et la cause de toute justice. D'après le concept calviniste de la nature humaine, le seul moyen pour l'homme d'être juste est d'éliminer celle-ci afin qu'elle n'habite plus en lui et n'ait plus d'effet sur lui, ce qui lui permet de s'abriter derrière la justice effective d'un autre.

La dualité qui en résulte est un problème sérieux et constitue une des divergences les plus importantes entre les concepts calvinistes et wesleyens de la sanctification. Pour la tradition calviniste, la sanctification est soit (1) un rabotage progressif de la nature charnelle qui est peu à peu remplacée par une nature spirituelle, soit (2) un aspect incontournable de l'assurance du salut prédéterminé du croyant, qui peut ou non agir sur son caractère moral ici-bas, soit (3) une position en Christ qui constitue la perfection, alors que le pécheur en lui-même est impur. Dans chacun de ces cas, on retrouve précisément la dualité que la Bible et les wesleyens responsables rejettent en ce qu'il s'agit de l'état même de péché pour lequel Christ est mort afin de nous sauver. Si les hommes ne sont pas réellement sauvés du péché, demande Wesley, de quoi Christ nous sauve-t-il alors ?

Wesley disait que par la nouvelle naissance, œuvre du Saint-Esprit, une nouvelle vie était accordée au croyant. Celle-ci grandira et évoluera vers la perfection (voir son sermon sur *Le salut par la foi*). Wesley affirme que par salut il entend :

> " Non seulement la délivrance de l'enfer ou l'accès au paradis, comme on le pense communément, mais une délivrance effective du péché, une restauration de l'âme dans son intégrité première, sa pureté originelle ; un rétablissement de la nature divine ; le renouvellement de notre âme selon l'image de Dieu, en droiture et vraie sainteté, justice, miséricorde et vérité[4]. "

Wesley soutient que le salut par la foi ne doit pas nous dispenser de l'amour et de l'obéissance. Le salut par la foi n'a aucun sens s'il est détaché de la foi qui est à l'œuvre par l'amour.

> Quand nous disons : " croyez et vous serez sauvés ", cela ne veut pas dire : " croyez et vous passerez du péché au ciel en faisant l'économie de l'étape de la sanctification, la foi faisant place à la sainteté ", mais " croyez et vous serez saints ; croyez au Seigneur Jésus et vous recevrez paix et force : vous recevrez de celui en qui vous croyez la force de vaincre le péché, la force d'aimer le Seigneur votre Dieu de tout votre cœur et le pouvoir de le servir de toutes vos forces[5].

L'idée d'un transfert de la justice du Christ à l'homme (ou justice imputée) est l'antithèse exacte du concept biblique de la sainteté. Il dispense l'homme de la nécessité d'un changement intérieur réel. Wesley disait que cela

> portait un coup à la racine, la racine de toute sanctification, de toute vraie religion ... De ce fait, Christ est " agressé " dans la maison de ses amis, de ceux qui affirment l'aimer le plus ; tout le but de sa mort, en l'occurrence " détruire l'œuvre du malin ", est anéanti d'un coup. Car là où cette doctrine est bien reçue, elle ne laisse aucune place à la sanctification[6].

Différence fondamentale

Nous ne pouvons cerner davantage les divergences profondes séparant calvinistes et wesleyens. La théorie de la souveraineté de Dieu d'où découle nécessairement celle de sa grâce irrésistible débouche sur le concept selon lequel l'homme, s'il est sauvé, l'est inconditionnellement, que ce soit par décret divin ou par la vertu de sa foi, sans une transformation morale réelle.

La philosophie qui soutient la prédestination individuelle inconditionnelle se doit de rejeter, en toute logique, le concept wesleyen de la sanctification. De plus, on s'apercevra que les arguments que l'on entend généralement contre la doctrine wesleyenne de la sanctification proviennent d'une philosophie calviniste même si, parfois, le débatteur se défend d'être calviniste. La philosophie qui est à l'origine de cette pensée est aussi vieille que la pensée humaine et on peut la faire remonter à la pensée grecque et orientale. Elle n'est ni hébraïque ni biblique.

RESPONSABILITÉ DE L'HOMME— conditionnelle	*RESPONSABILITÉ DE DIEU— Ses promesses*
Pardon, délivrance, miséricorde:	
Es. 55:7: Que le méchant abandonne sa voie ... et retourne à l'Éternel ...	... [et] l'Éternel...aura pitié de lui.
1 Jn. 1:7-9: Si nous marchons dans la lumière ... Si nous confessons nos péchés ...	... le sang de Jésus...nous purifie de tout péché.
Assurance d'être accepté:	
Mat. 11:28: Venez à moi, vous tous qui êtes fatigués et chargés ...	... et je vous donnerai du repos.
Jn. 6:37: Celui qui vient à moi ...	... je ne [le] mettrai pas dehors.
Assurance du salut	
Rom.10:9: Si tu confesses de ta bouche ... et si tu crois [continues à croire] dans ton coeur ...	... tu seras sauvé.
Assurance d'adoption	
Jn. 1:12: A tous ceux qui l'ont reçu, à ceux qui croient [continuent à croire] en son nom ...	... elle [la Parole, Christ] a donné le pouvoir de devenir enfants de Dieu.
Assurance de la vie éternelle	
Jn. 3:16: Quiconque croit [continue à croire] en lui ...	... ne périsse point, mais qu'il ait la vie éternelle.
Assurance de la clémence renouvelée de Dieu	
Col. 1:23: Si du moins vous demeurez fondés et inébranlables dans la foi ...	... [Christ vous fera] paraître devant lui saints, irrépréhensibles et sans reproche (Col. 1:22).

Le concept wesleyen, qui est fondé sur la Bible et qui est indépendant de la philosophie, considère que la sanctification est un élément essentiel du salut et qu'elle engage la nature humaine tout entière. La justification n'est pas le thème exclusif du message évangélique. Ce n'est pas le but de l'Évangile. C'est le premier pas en direction du but qui est la recherche d'une pleine délivrance de la domination du péché, l'amour pour Dieu, et une obéissance à sa loi ici-bas. La sanctification est la méthode de Dieu pour *guérir l'âme* ; c'est un moyen de régénérer la nature humaine corrompue. La finalité de la religion est le renouvellement de l'homme à l'image de Dieu. (Voir le sermon de Wesley sur *Le péché originel*).

Si, contre toute logique, on essaie de faire reposer la doctrine wesleyenne de la sanctification sur la doctrine calviniste de la nature humaine, il en résulte des conflits insolubles. Nombreux sont ceux qui recherchent un tremplin pour accéder à une vie sainte indépendamment de l'engagement total de leur être moral tout entier. Ils pensent que la venue du Saint-Esprit en eux les délivre obligatoirement de la tentation, de toutes les faiblesses et extravagances des désirs du corps, d'eux-mêmes, de la nécessité de la discipline, de tout échec dans la vie chrétienne, de la responsabilité sociale, spirituelle, intellectuelle vis-à-vis de leur prochain. Or, la venue du Saint-Esprit entraîne l'éveil de tout le potentiel humain, la purification du caractère irrésolu des pensées de l'homme, et sa consécration totale à Dieu. Le Saint-Esprit améliore la personnalité et aiguise les énergies et les capacités humaines en vue de l'accomplissement de la mission confiée par Dieu ici-bas à chacun.

SAINT-ESPRIT ET ASSURANCE DU SALUT

C'est dans le domaine de l'assurance du salut que les divergences de point de vue des deux systèmes théologiques relatives à la sanctification ressortent le plus. De même que l'inadmissibilité du salut pour le croyant est la conclusion logique et nécessaire des cinq points du calvinisme, ainsi, la logique pratique wesleyenne (si l'on peut parler de logique au sens formel), induit un concept d'assurance du salut conditionnel. Curieusement les deux systèmes s'accusent réciproquement d'enseigner l'incertitude. Le calviniste dit que le wesleyen vit dans la crainte que sa foi soit inadéquate et que ses œuvres ne soient insuffisantes pour lui assurer le salut. Le wesleyen rappelle au calviniste que l'élection est secrète et que personne ne peut donc savoir de façon certaine s'il est sauvé.

Quand un calviniste réalise quel genre de Dieu sa théologie suppose, il a la possibilité d'orienter sa logique dans une autre direction, non seulement pour compenser une idée peu séduisante de Dieu, mais aussi pour élaborer une philosophie de l'assurance du salut. Si ce Dieu qui prédestine ne peut être taxé d'injustice, et si l'on doit accorder une importance considérable à son amour, pourquoi ne destinerait-il pas tout le monde au salut ? Étant donné que personne ne peut mériter le salut et que celui-ci ne s'obtient que par décret divin, on peut supposer, sans créer de problème philosophique ou religieux, que Dieu élit tous les hommes. C'est ce que l'on appelle l'universalisme. Cette théorie peut alors prendre au sérieux les affirmations bibliques concernant l'expiation du Christ pour chacun d'entre nous. Cet universalisme latent est inhérent à la philosophie calviniste.

L'universalisme n'est pas une conclusion que l'on peut tirer logiquement de l'arminianisme wesleyen, car celui-ci ne croit pas en une volonté divine arbitraire qui ne tiendrait donc pas compte de la liberté morale de l'homme. Ses présupposés de base ne lui permettent pas de garantir que tous les hommes se tourneront vers le Christ. Une telle conclusion ne pourrait être que le résultat d'un sentimentalisme irrationnel.

Si l'on admet que Dieu est absolument souverain, qu'il est incapable de tolérer toute manifestation d'opposition réelle de la part de l'homme et si on ajoute la vérité centrale que Dieu est saint, on aboutit logiquement à *la prédestination individuelle inconditionnelle*. Si, d'un autre côté, on dit que Dieu est par nature Amour, la logique aboutit au *salut universel inconditionnel*. Ces deux positions proviennent d'un concept de Dieu qui n'accorde aucune liberté morale réelle à l'homme.

Cependant, entre ces deux extrêmes, se situe le concept d'un Dieu qui est, par nature, saint *et* amour, ces deux attributs coopérant en parfaite harmonie. Parler d'un Dieu dont les attributs sont antagonistes, sa sainteté s'opposant à son amour, sa colère s'opposant à sa miséricorde, et sa volonté à son désir, est à coup sûr une manière erronée de comprendre l'Écriture[7].

Le subjonctif grec indiquant la conditionnalité (du salut) constitue un obstacle insurmontable aux deux positions calvinistes mentionnées plus haut. Parfois, le mot " si " se trouve dans nos versions pour faciliter notre compréhension. Le plus souvent, l'aspect de contingence est caché dans le texte grec. En voici quelques exemples :

Le subjonctif grec est constamment employé quand il s'agit du salut. Ce temps indique la possibilité mais aussi la condition : persévérer dans la foi. Le subjonctif s'interpose entre les choix de prédestination et de responsabilité morale. Il offre la possibilité, mais ne fixe pas le résultat. Il garde la porte ouverte au Christ, mais ne force personne à franchir le seuil contre sa volonté. Tous les obstacles entre Dieu et l'homme sont enlevés, mais il appartient à l'homme d'entrer en usant de la force que Dieu a mise à sa disposition.

Il est également intéressant de remarquer que tous les verbes employés pour exprimer l'idée de croire sont au temps présent progressif. Selon les termes du Nouveau Testament, un acte de foi unique ne suffit pas, mais toute une vie vécue dans une confiance continuelle en Dieu et dans l'obéissance.

Voilà comment la Bible écarte l'universalisme (d'après lequel tous les hommes seront sauvés parce que Christ est mort pour tous). Le calvinisme extrême résout ce problème en disant que Dieu n'élit que certains hommes au salut et que Christ n'est mort que pour ces élus-là. Le calvinisme modéré essaie de résoudre le problème en reconnaissant la responsabilité morale de l'homme jusqu'à sa conversion (après, il en est déchargé et ne peut plus perdre son salut). La Bible évite à la fois les problèmes logiques et moraux de la pensée humaine en insérant la responsabilité morale de l'homme dans le cadre de la souveraineté de Dieu. Dieu peut accorder à l'homme une certaine liberté morale sans que cela limite sa souveraineté. Dieu dit : " Si tu prends ce chemin, cela aura telle ou telle conséquence ; si tu prends l'autre chemin, cela entraînera d'autres conséquences. Tu ne peux te soustraire aux lois morales que j'ai établies à l'avance ". On ne peut pas ne pas tenir compte de la grammaire biblique quand on développe une théologie chrétienne.

C'est le caractère conditionnel même du salut biblique qui conduit à une compréhension très sérieuse et très profonde de la sanctification. L'assurance du salut n'est pas un positionnement statique, amoral ou antinomien. L'assurance du salut est, au contraire, positive et dynamique, fondée sur Dieu qui ne peut décevoir. C'est une foi qui grandit, s'approfondit et croît dans le Christ, qui se traduit par un amour et une obéissance toujours plus grands, qui tourne les yeux vers lui et non pas vers une étape quelconque du passé, aussi importante soit-elle à l'entrée dans la vie chrétienne.

L'antithèse vraie du Calvinisme est la conception wesleyenne (et biblique, croyons-nous) de la sanctification avec ce que cela suppose comme dynamisme et engagement. Le wesleyanisme débarrassé de la philosophie sous-tendant le calvinisme, considère que la doctrine de la sanctification est non seulement biblique et pratique, mais qu'elle est absolument essentielle au salut.

Précédemment dans cette étude, le Dr Neve nous a rappelé que la doctrine de la prédestination individuelle inconditionnelle s'est développée à partir d'un besoin d'assurance intérieure[8]. La prédestination individuelle est la racine de l'assurance du salut éternel. Toutefois, l'ironie de cette doctrine est que, détachée de la doctrine sœur de l'élection, elle ne peut donner aucune assurance du salut. Même si on croit à la prédestination, on ne peut jamais savoir si on est élu ou non.

Une assurance du salut séparée de l'élection, telle que soutenue par le calvinisme modéré repose sur la qualité de la foi du croyant. Ainsi, il faut toujours se demander : " Ma foi était-elle authentique ?

" Un pasteur calviniste bien connu a dit un jour : " Bien sûr, si vous continuez à pécher, il est évident que votre foi *n'était pas* réelle et que vous n'aviez jamais été sauvé, car un chrétien ne pèche pas ". Cette remarque offre peu de consolation à une âme en recherche. A quel moment la doctrine de l'inadmissibilité du salut devient-elle assurance ? Quel avantage cette doctrine a-t-elle sur la prétendue crainte dans laquelle vit un wesleyen ? Quel est le fondement de l'inadmissibilité du salut ? D'autre part, quelle peut être l'assurance du wesleyen ? S'en remet-il à Dieu ou doit-il dépendre de ses propres efforts ? Un aperçu de l'enseignement biblique devrait suggérer des réponses à ces questions.

La Bible enseigne deux choses très claires concernant le croyant chrétien : (1) il a l'assurance absolue du salut " en Christ " et (2) le chrétien est lié par la responsabilité d'une obéissance continue.

L'Évangile réclame bien plus que la simple acceptation du Christ comme Sauveur personnel. En fait, cette manière d'exprimer le début de la vie chrétienne est non biblique, non seulement dans le fond mais dans la forme. Qui sommes-nous pour avoir le droit d'accepter le Christ ? C'est lui qui nous accepte selon ses modalités, c'est-à-dire croire. Et croire, c'est lui obéir. La responsabilité morale de l'homme ne prend pas fin au moment où il croit. La foi est le début d'un processus de réelle maturation dans la vie spirituelle et dans l'obéissance qui dure toute la vie.

Nous *avons* l'assurance (du salut) " en Christ ". " Qui nous séparera de l'amour du Christ ? ... (rien) ne pourra nous séparer de l'amour de Dieu manifesté en Jésus-Christ notre Seigneur " (Romains 8:35-39). " Personne ne les arrachera de ma main " (Jean 10:28). " Il peut sauver parfaitement ceux qui s'approchent de Dieu par lui, étant toujours vivant pour intercéder en leur faveur " (Hébreux 7:25). " ... A celui qui peut vous préserver de toute chute ... " (Jude 24).

Examinons ces passages plus attentivement. Les versets de l'épître aux Romains mettent l'accent sur la parfaite efficacité de l'amour incommensurable que Dieu manifeste en toutes circonstances envers tous les besoins humains. Mais ceux-ci sont occasionnés par des dangers extérieurs. On présume que le cœur humain désire en être gardé. Parallèlement, il est affirmé que l'amour de Dieu est inépuisable. *Rien* ne peut en venir à bout, même pas le rejet délibéré de Dieu de la part de l'homme. La même vérité est exprimée dans Jean 10. Ce texte ne dit pas que personne ne peut s'échapper de la main de Dieu, mais qu'aucune force extérieure ne peut nous atteindre tant que nous sommes dans cette main. Hébreux 7 dit que la condition pour être " sauvé parfaitement " est de nous approcher continuellement de Dieu. Le passage de Jude qui nous dit qu'il peut nous préserver de toute chute s'articule sur le conseil du verset 21 : " maintenez-vous dans l'amour de Dieu ".

Toute conception sérieuse de la responsabilité morale doit donner le pouvoir au croyant chrétien de rejeter ou d'affirmer sa fidélité à Dieu. Le pécheur ne peut avoir un pouvoir de décision moral plus grand que celui du chrétien. La grâce fortifie la structure morale, elle ne l'affaiblit pas. La Bible confirme entièrement cette opinion. Toute la Bible, et le Nouveau Testament en particulier, conseille constamment et recommande au croyant de prendre des mesures sérieuses pour retrouver un bon équilibre moral. Ces exigences sont absolues. Il y a des choses que le croyant *doit faire.* Dieu ne les fait pas à sa place et ne peut les faire. C'est la vie éternelle qui est en jeu, ce ne sont pas simplement des récompenses. Le pardon divin ne nous dispense pas des devoirs prescrits dans l'Évangile ; il marque le début de notre vie d'engagement. Remarquez les quelques passages suivants :

" Considérez-vous comme morts au péché, et comme vivants pour Dieu en Christ Jésus " (Romains 6:11) ; " Que le péché ne règne donc pas dans votre corps mortel " (v. 12) ; " Si vous vous livrez comme esclaves pour lui obéir, vous êtes esclaves de celui à qui vous obéissez, soit du péché qui conduit à la mort, soit de l'obéissance qui conduit à la justice " (v. 16). Il n'y a pas de *moyen terme* ou de troisième voie possible pour le chrétien entre ces deux extrêmes. Le chrétien (et Paul s'adresse ici à des chrétiens) qui livre son corps au péché s'expose à la mort. Pour Paul, l'assurance du chrétien consiste, semble-t-il, à obéir à Dieu.

La seule alternative pour le chrétien, comme le dit Galates 6:7-8, est " de semer pour l'Esprit ou de semer pour la chair ". La conséquence de ce choix est soit la vie soit la mort. Cette loi vaut pour le pécheur comme pour le croyant. On se sert généralement de ce texte pour prêcher aux incroyants, mais Paul adressait cette vérité aux croyants. Ce qui est significatif.

Les versets trois et quatre du chapitre deux de l'épître aux Hébreux sont également importants pour les chrétiens, car ils s'adressent aussi à eux et non à des incroyants. L'auteur nous avertit solennellement de ne pas négliger ou ignorer le salut qui nous a été accordé, de peur que nous n'allions à la dérive par rapport à celui-ci. Si ceux qui ont désobéi à la parole annoncée par les anges ont reçu une juste rétribution, alors comment, nous, échapperons-nous si nous négligeons ce que le Seigneur lui-même a annoncé et confirmé par des signes, des miracles et par des dons du Saint-Esprit ?

l'Écriture ne donne pas aux chrétiens que les avertissements cités plus haut, elle donne aussi des ordres directs. Un exemple typique est celui Éphésiens 4:22-24 : " dépouillez-vous de votre nature et revêtez la nature nouvelle créée selon Dieu dans une justice et une sainteté que produit la vérité ". Ces ordres ne sont pas de simples recommandations dont nous pouvons éventuellement tenir compte selon notre humeur. Ils ne sont pas non plus destinés à nous exhorter à lutter toute notre vie contre notre nature charnelle. Le temps passé spécial employé dans le texte grec (l'aoriste) nous fait comprendre que cette tâche doit être effectuée de manière décisive et de tout notre cœur.

L'assurance du chrétien repose sur deux vérités importantes au moins : la première, c'est que l'amour de Dieu le pousse à nous aider par tous les moyens à faire face à toutes les éventualités. L'amour et la puissance de Dieu sont pour nous un bouclier protecteur contre les forces spirituelles qui nous assaillent et que nous ne pouvons voir ou même connaître. Nous sommes encouragés à tenir ferme en revêtant toutes les armes de Dieu afin de pouvoir tenir ferme contre les manœuvres du diable (Éphésiens 6:10-18).

Il y assurance en Christ. Chacun d'entre nous traverse des périodes d'épreuve qui nous ébranlent jusqu'au plus profond de nous-mêmes. Parfois, l'obscurité nous fait perdre de vue les vérités spirituelles. Parfois, notre foi est mise à l'épreuve démesurément. Mais alors, dans la profondeur de notre obscurité, quand nous sommes faibles et seuls, nous commençons à sentir la présence d'un ami, l'ami qui ne nous avait jamais abandonné ; l'ami qui peut nous révéler davantage sur sa personne en cette heure que lorsque tout allait bien. Il est difficile pour un vrai chrétien de retomber dans le péché ; car, pour cela, il lui faut résister et rejeter toutes " les bouées de sauvetage " qui lui sont lancées et tout l'amour qui l'entoure. Dans l'épreuve extrême, nous expérimentons la grâce extrême. Nous ne pouvons jamais épuiser le pardon, la miséricorde, l'amour et la puissance de Dieu. Ils sont l'un et l'autre à la mesure de tous les besoins.

Le deuxième chose importante est *la nature de la sainteté*. La persévérance dans la foi ne résulte pas de la force quantitative de notre propre foi, mais de la qualité de notre amour pour Dieu. Renforcer la tension de notre propre foi et fixer notre attention sur elle, c'est frapper à la mauvaise porte pour trouver de l'aide en période de détresse. Nous ne sommes pas sauvés par la *force* de notre foi, mais par *l'objet* de notre foi, le Christ. Nous sommes liés l'un à l'autre par un amour réciproque.

Conclusion

L'amour est une force positive. La sainteté est positive, c'est quelque chose qui vit et grandit. Dans la vie courante, nous ne nous contentons pas seulement de prévenir la maladie, mais de fortifier le corps de manière à ce qu'il devienne suffisamment fort pour résister à la maladie. Nous ne consacrons pas notre temps et notre énergie à essayer de continuer à croire en notre meilleur ami. Nous l'aimons et l'amour fait confiance.

Dans notre vie chrétienne, plus nous nous en remettons à Dieu, plus nous l'aimons et plus nous croyons en lui. Notre " oui " constant à Dieu affaiblit le " non " de la tentation de lui désobéir. Nous n'avons pas besoin de vivre dans la hantise de résister au péché et de courir loin de lui si nous courons vers Dieu et si nous recherchons davantage sa présence. Foi et amour grandissent ensemble. A mesure que notre foi s'approprie toujours plus les promesses de Dieu et que notre moi est déterminé à se conformer à la volonté de Dieu, l'amour est rendu parfait. Et à mesure que l'amour est rendu parfait, la foi se fortifie. " L'amour parfait bannit la crainte " (1 Jean 4:18). L'amour est l'antidote de la crainte de chuter. L'amour fait confiance à Dieu. L'amour nous dirige vers Dieu, en qui se trouve notre assurance.

Tout ce qui est nécessaire à une vie chrétienne saine, forte et positive est compris et contenu dans la sainteté. La sainteté est l'amour. L'amour n'est pas un salut abstrait, imputé et irréaliste qui nous sauve en principe et non en fait. L'amour est précisément la grâce de Dieu agissant et intervenant sur et avec notre moi intime, qui rassemble tous les éléments de notre être et de notre personnalité sous la seigneurie de Jésus-christ par la présence intérieure du Saint-Esprit. Ceci est en opposition absolue avec le salut par décret divin qui ignore la réhabilitation de l'âme, vouée de ce fait, irrémédiablement, au péché.

NOTES

CHAPITRE I

1. H. Orton WILEY, *Christian Theology* (Kansas City : Beacon Hill Press of Kansas City, 1940), I, 68.

2. Cyril RICHARDSON, ed., *Early Christian Fathers* (Philadelphia : Westminster Press, 1943), p. 17.

3. J. L. NEVE, *A History of Christian Thought* (Philadelphia : The Muhlenberg Press, 1946), I, 38.

4. *Ibid.,* p. 39.

5. Arthur Cushman McGIFFERT, *A History of Christian Thought* (New York : Charles Scribner's sons, 1953), II, 125.

6. *Ibid.,* p. 126.

7. *Ibid.,* pp. 128-29.

8. James ORR, *Progress of Dogma* (Grand Rapids : Wm. B. Eerdmans Publishing Co., 1952), p. 26.

9. *Op cit.,* p. 69.

10. A. W. NAGLER, *The Church in History* (New York : Abingdon-Cokesbury Press, 1929), p. 74.

11. cf. NEVE, *op cit.,* I, 143.

12. *Ibid.,* I, 147.

13. *Ibid.*

14. cf. WILEY, *op cit.,* II, 234.

15. cf. NEVE, *op cit.,* I, 146.

16. WILEY, *op cit.,* II, 348-49.

17. *Ibid.,* p. 349

18. NEVE, *op. cit.,* I, 179.

19. John WESLEY, *Sermons*

CHAPITRE 2

1. John CALVIN, " Syllabus, " dans *Institutes of the Christian Religion,* trans. John ALLIN (6th American edition ; Philadelphia : Presbyterian Board of Christian Education, 1932), I, 41.

2. *Ibid.*

3. *Ibid.,* bk. III, par. 1.

4. *Ibid.,* pars. 6 and 7.

5. G. OSBORN, ed., *The Poetical Works of John and Charles Wesley,* (London : Wesleyen Methodist Conference Office, Paternoster-Row, 1869), III, 34 ff.

6. A. W. HARRISON, *Arminianism* (London : Duckworth Press, 1937), p. 23.

7. Carl BANGS, " Arminius and the Reformation ", *Church History,* Vol. XXX, No. 2, June, 1961, pp. 7-8.

8. cf. James ARMINIUS, *The Works of James Arminius,* trans. Wm. Nichols (London : Thomas Baker, 1875), III, 527 ff.

9. cf. *ibid.,* II, 354-74.

10. cf. Caspar BRANDT, *The Life of James Arminius,* trans. John Guthrie (London : Ward and Co., 1854), pp. 217-18.

11. BANGS, *op. cit.,* pp. 5-6.

12. ARMINIUS, *op. cit.,* III, 645-55.

13. *Ibid.,* II, 392-93.

14. *Ibid.,* I, 247-48.

15. Carl BANGS, " Arminius : An Anniversary Report ", *Christanity Today,* Oct. 10, 1960, p. 18.

16. " The Debate over Divine Élection ", *Christianity Today,* 12 Oct. 1959, p. 16.

17. *Ibid.,* p. 13.

18. A.A. HODGE, *Outlines of Theology* (New York : A. C. Armstrong and Son, 1905), p. 230.

19. " In common with the earlier Reformers, he [Arminius] opposed the exclusive claim of the Roman Church by appeal to the sole authority of Scripture ". Carl BANGS, " Arminius, an Anniversary Report ", *Christianity Today,* Oct. 10, 1960, p. 18.

20. " Calvin and his disciples had used the biblical figures of election and predestination to express the truth of *sola gratia* to combat the Roman doctrine of works ". *Ibid.*

CHAPITRE 3

1. Justus M. VAN DER KROEF, " Calvinism as a Political Principle ", *Calvin Forum,* Feb., 1950.

2. cf., Benjamin WARFIELD, *The Westminister Assembly and Its Work* (London : Oxford University Press, 1931), pp. 148-50.

3. *Dogmatic Theology* (New York : Charles Scribner's Sons, 1888-94), II. 460.

4. *Ibid.,* II, 64-70.

5. Lowell ATKINSON, " The Achievement of Arminius ", *Religion in Life,* Summer, 1950, p. 422.

6. Sermon, " On the Wedding Garment ", *A Compend of Wesley's Theology* (New York : Abingdon Press, 1944), p. 167.

7. Robert E. CHILES dans un article intitulé " Methodist Apostasy from Free Grace to Free Will " (*Religion in Life,* Vol. XXVII, No. 3, 1958) fait un exposé clair de cette transition et montre quel point Wesley soulignait vraiment. Voir aussi le sermon de Wesley intitulé " Free Grace ".

8. Leo George COX, *John Wesley's Concept of Perfection* (Kansas City : Beacon Hill Press of Kansas City, 1964), pp. 30-31.

9. John WESLEY, *A Plain Account of Christian Perfection* (Kansas City : Beacon Hill Press of Kansas City, 1966), pp. 53-54.

CHAPITRE 4

1. Dans un " Débat sur l'Élection divine " commenté dans la revue *Christianity Today* (12 octobre 1954), le Dr H. Orton WILEY donna une réponse non débattue à la question : Le calvinisme a-t-il conduit aux résultats prédits par les arminiens ? Il a dit : " Ce qui passe pour être aujourd'hui du calvinisme ne l'est pas. C'est plutôt du calvinisme arminianisé. Le fait est que le presbytérianisme dans ce pays [États-Unis] est arminianisé ... je pense que peu de gens enseignent aujourd'hui le calvinisme ".

2. Donald Gray BARNHOUSE, " Eight Things God Cannot Do ", *Eternity,* Jan., 1958., Vol. 9, No. 1, p. 27.

3. *Etemity* July, 1958, Vol. 9, p. 12.

4. *Loc. cit.*

5. *Op. cit.*, p. 46.

6. L. Nelson BELL, "Righteousness ", *Christianity Today,* Vol. II, No. 18, June 9, 1958, p. 19.

7. Hollis F. ABBOTT, " Christian Maturity ", dans *The Word and the Doctrine,* Kenneth GEIGER, ed. (Kansas City : Beacon Hill Press of Kansas City, 1965), p. 301.

CHAPITRE 5

1. "Debate over Divine Election", *Christianity Today,* Oct. 12, 1959, p. 3.

2. *Op. cit.*, II, 64-70.

3. Les citations suivantes de John WESLEY, *Works,* V, 361-63.

4. *Op. cit.*, p. 15.

5. *Op cit.* II, 451-452.

6. *Ibid.*, p. 453.

7. *Ibid.*, p. 432.

8. *Op. cit.*, p. 4.

9. *Ibid.*, p. 16.

10. *Christian Theology,* II, 32,

11. Augustus STRONG, *Systematic Theology* (Philadelphia : Griffith and Roland Press, 1907), II, 515.

12. *The Teachings of Christ* (Grand Rapids : Fleming H. Revell Co., 1913), p. 113.

13. *Works,* VI, 48.

14. *The Epistle to the Hebrews* (Kansas City : Beacon Hill Press of Kansas City, 1959), p. 358.

15. *Ibid.*

16. George W. FORELL, *Faith Active in Love* (N.Y. : The American Press, 1954) pp. 100-101.

17. *The Word and the Doctrine, p. 287.*

CHAPITRE 6

1. John WESLEY, A *Plain Account of Christian Perfection* (Kansas City: Beacon Hill Press of Kansas City, 1966, reprint), pp. 52-53.

2. Edward CARNELL, *Philosophy of the Christian Religion* (Grand Rapids: Wm. B. Eerdmans Publishing Co., 1952), p. 77.

3. J. Elder CUMMINGS, " What This Teaching Is ", *Keswick Week,* 1890, p. 40.

4, *Sermons, "A* Farther Appeal ".

5. *Ibid,* " Sermon on the Mount, " I.

6. *Ibid., "A* Blow at the Root, " 1762.

7. Voir H. Orton WILEY, *Christian Theology,* 1, 365 et svt pour une excellente analyse du saint amour chrétien.

8. Op. cit., I, 145.

TABLE DES MATIÈRES

Rev
Ronny Etienne I Love you Jesus
Christ
with all of my heart

Grâce
Tabernacle
Church
Stuart
Florida

Sunday Feb 16 - 40 Day
prayer

9 781563 444807